心靈勵志53

人間修行（四）

靈的提升

接自己的因緣神尊

莫林桑 著

博客思出版社

人間修行（四）靈的提升／接自己的因緣神尊

【目次】

【目次】

【目次】

序文　靈修的真實要義──做自己的牧羊人

一般人在看靈修，總是以所看到的外在行為來論定，沒有真正進入靈修的人，無法體會箇中的差異，以及靈修的真實意義。其實不管神尊以什麼方式找什麼人來代言，所表現的就是神尊的風範跟格調，所以乩童也好，靈乩也好，會靈接觸的靈動也好，外在就是神尊的動作，看起來是大同小異，一般人沒辦法分辨，因為看起來很相似，所以把靈修靈動當成乩童訓乩也是很合理，因為只是看熱鬧，差就差在有的人就是沒辦法進入靈修，你要他實際體驗也是很難。所以很難說明，因為沒辦法體會。

靈修其實就也只是一種修行的方式而已，差別在於人的修行之外，還加入靈的區塊，讓靈主導，除了自己本靈的修行之外，還加入與神尊的靈（能量）的互動，借由靈的互動來調整人的身心，靈修的修行是要身心靈一致的，所以調整身心的狀態是進入靈修基本的入門動作，調整身心的方式就是藉由打坐、靈動、靈語與會靈的種種現象來完成，所以你會搖頭晃腦，你會伸展筋骨，你會打拳，你會打哈欠、會無來由的流眼淚、會大哭，會想嘔吐，會靈語念不停，都是在整理身心的狀況，在調體，在清心，所以靈動、靈語只是靈修的基本功，只是神尊藉由與靈的互動來完成一個身心靈整合的作用，所以只要進入靈修的人跟靈都會有這些動作，不要把靈動，靈語看的太神奇。

至於神尊為什麼要這樣調整，要這樣互動，最終目的只是為了將人回復到原始的「純真清明」的狀態，只有純淨的自我，靈才能展現祂的智慧，而最終作用則是找回一個「獨立自主」的個體，這個個體可以自主判斷自己的所作所為是否合道，可以自己思考決定自己該做什麼，下一步怎麼走，這是修行的基本要件，也就是被訓練成為神仙的基本條件。

所以你想成為代言人，想要進入修行，「自主思考判斷」很重要，只有這種自覺成立了，你才能將自己所經歷的人事物變化的感受轉換成智慧，然後修正自己，讓自己具備成仙成神的基本條件，如果你自己都沒辦法為自己理出一條清晰的道路，把自己身心靈合一，自己都一團亂的時候，你如何像神尊一樣去幫人；不是會靈動靈語，會念詩句就可以了，自身的混亂，心念不定，只會誤自己誤信眾，所以修靈最重要的是修心，修「心」的清楚明白跟篤定，定於跟隨神尊的精神跟風骨，修一個合道的精神。

很多修行的人，即使自己跟神尊可以會靈接觸了，但仍舊徬徨不定，根本原因就在於沒把神尊的精神掌握住，沒有建立一個「心」的宗旨，也就是中心思想（基本精神）不明確，跟著人的思維到處飄搖，自信就不足，所以聽到別人講什麼，自己心就動了，說你要去那裡跟什麼神尊接觸，某個神尊要找你啦，要你到哪裡去拜去修才可以，神尊要你做什麼什麼，其實這都是多餘的，你要自己去驗證是否合道合理。

你的主神隨時在，打坐靈動隨時給你感應，不需要別人來告訴你，你只要靜下心來，把自己修行的目的確定就好，這就是初衷，想自己清靜修心，或是只是想跟神尊互動，或是想為神尊做事，那先決條件是什麼？把這個條件具足來，朝這個目標走，就不會彷徨不知所措了。

為什麼修行路上想要把自己安定下來這麼困難？原因很簡單，所有的宗教團體的修行都只是要你循規蹈矩，尤其是基督天主教的方式，就是牧師跟神父來牧羊，信眾就是遵循聖經做乖乖的綿羊，而儒、釋、道更是依教規戒律好好修行，做一個慈悲善良守法的修行者，修行也只是為了到達某個國度境地，很少可以培養出一個獨立自主思考的引導者，反而沒有進入宗教者比較有自己的思維判斷，但是又缺乏修行的一個中心思想，就顯得有些混亂，不容易把持自己的言行能恆常合乎正軌。

所以靈修者為什麼要修自己身心靈合一，又要有神尊精神的引導，就是要建立一個能夠獨立自主思維的個體，修行至少是要可以做為自己的引導者，是自己的牧羊人，可以覺知自己的道路並持續依道路而行。

本靈就是帶領的一個「智慧生命體」，透過靈修修行與靈的源頭做聯繫，達到「定位」的目的，然後做成一個導航的作用。所以當你進入靈修了，有沒有把自己的目標確立，有沒有把神尊的精神理解了，然後依神尊的精神去做，依神而行，那就可以明確知道：「靈修」就是把自己回到簡單自在而已。

你是不是還在想要有什麼神通，要可以看到無形界的什麼東西，還要研究那緲不可及的空間狀態，那你知道這些境界的作用在哪裡嗎？會用嗎？其實那些境界都只是風景，當你走過了，就可以看到了，就可以知道了，真的沒什麼，就像很多師兄姐問我，她「聽人家說」的狀況是怎樣，會不會怎樣？

其實聽的都只是某個人的過程，就像你去遊覽，這些都是沿路風景，你經過了就會知道，就會看到，每個人的感受不太一樣，運用方式也不一樣，除非你沒有想要去，否則自己看自己經歷還是比較真確。

修行，尤其是靈修，做自己的牧羊人真的很重要，既然必須走這條路，就靜下心來好好走，聽聽自己的聲音，沿路的風景自己感受，所有的愉悅自己領受最清楚。

靈修的過程就是訓練自己成為引導者的過程，要依神尊的正心正念，自己領航。

第一章

修好自身是最好的說服

1—1、為什麼家人朋友會反對修行？

修行不是很好嗎？為什麼家人朋友會反對修行？你的家人朋友是冤親債主嗎？不是的，你才是你家人朋友的冤親債主啦。

其實「修行」是一個中性的名詞，代表的是「修」跟「行」這兩個動作結合的行為，本來它是沒好沒壞的，就是代表去修正言行的動作的意思，所以「修正」的方向對不對，影響「言語行為」給人的感受，就像開車，偏離車道了，要修正回來車道中心，也不要越線，道路有中心線，有標線標誌，是給你做為一個修正衡量的依據，但是修行卻沒有一個這種明確的準據或規範，要說法律法規，顯然這個層次沒有達到修行要的標準，勉強可以說上依據的，應該就是道德跟良知，但是這種標準又很籠統，每個人接受跟要求的道德觀念跟良善的標準不一，所以是人人心中各有一把尺。因此，進入修行很容易就「迷」了，迷惑不清，糟的是，一般人又拿心中這個尺去要求或管理其他人，那更是莫衷一是了。

一談到「修行」，一般大都會賦予正面正向的意義，但是又都以自己認知的正面正向為依據，所以若沒有正心正念，沒有以神尊更高標準的要求，很容易就落入以「自己的道理」或以「團體的規範」來要求的混沌狀態。所以黑幫有黑幫的修正執行的標準，有他們進階晉升的依據，那是他們的修行，比如小偷抓進牢裡關，可能他在裡面「進修」，出獄後技術更高超，小偷變名盜；兄弟也是一樣啊，進牢可能將地位提升，這也是修行啊，混黑道就把黑道的道理發揚光大。

黑道道理雖然名之為修行，但是不為一般人所認同，但它就是修行，魔道它依舊存在，黑道也可能一直壯大，只是不為修神佛的大眾所接受，但是「佛」「神」「魔」它們是並存的，各自修它們自己的道，修自己的行，所以「修行」本身就是兼容正負兩面的存在，問題在於「黑就是黑」但是「白不一定是白」，黑很好認，它就是黑，界定比較清楚，但是白就很麻煩了，要白不白的，以白掩黑的，是很難察覺的，所以修行會為人所排斥，原理應該在這裡，因為沒有辦法分辨清楚到底是什麼白，宮廟所在及主事者正心正念正行還好，但人心又會變，所以修行變得很難，是修行很難嗎？不是的，是要找一個正心正念正行以神尊標準為標準，又能時時警醒不變質的修行的地方很難。

一般宮廟神壇給人的印象，到底是神尊在處理還是人在處理，很難分清楚，為什麼走宮廟的人連家都不顧，弄得家散人變，拋妻棄子的，事業也不顧，通常人都是遇到困境無法解決，才會想到接觸神佛，但是又沒有能力去辨別是神佛或是鬼怪，因為有困難就心慌，無法辨別就會迷，如果主事者在稍加鼓吹恫嚇，不陷入迷局是很難的，一般人是有事求神拜佛，請神佛幫忙，好像有效耶，下回有事一樣又來拜又來求，再有事又來拜又來求，明顯的「依賴」神佛，但是卻沒有去思考事情為什麼發生，所以沒有去修正自己的思維、觀念、言行、舉止，這個就真的是沒有在修。

如果平時有在修，神佛幫忙解決了渡過危機，自己就去思考並想辦法讓事情不會一再重演，這個就是「人神配合共修」的意義，也是靈修所要的目的，不是每次有事就去找神尊，請神尊幫忙擦屁股，自己卻不檢討為什麼會拉肚子，結果腸胃炎了，腸胃病變了，才說神尊逼你要修，哪有這種道理，你第一次要神尊幫你收拾爛攤子的時候，就是神尊提醒你要修正飲食生活習慣了，結果你依然故我，不當一回事，當然越來越嚴重，到嚴重了你才警覺你自己要修，那是你智慧沒開，還是神尊逼你修，神尊一直在幫你，一直提醒你啊，你搞砸了怪到神尊頭上，說實在的，神尊概括承受你的抱怨怪罪也很無奈。

所以修行的概念是什麼？

不是一直拜一直求，一直要神尊幫你處理，你的家人朋友是冤親債主嗎？不是的，你才是你家人朋友的冤親債主啦，他們會反對你不讓你修行嗎？不會的，他們一直希望你修行也一直在幫你修行啦，你小時候不會穿襪子誰幫你誰教你？你睡到遲到了，誰叫你，誰一直提醒你不能遲到？你罵髒話是誰制止你，要你不能罵髒話，是誰告誡你不能跟人吵架，跟人打架的，你讀書功課不好，誰叫你要認真，誰幫你複習功課？

所以你說家人朋友反對你「修行」，甘有影？他們都是欠你的啊，他們一直在助你修行，只是你不領情，是你的作為跟智慧讓他們「不放心」，是社會對少數自稱修行人的作為及宮廟印象的「不放心」，他們一直都希望你變的更好，你有讓他們覺得你變得更好了嗎？他們真正反對的不是修行，他們是擔心，怕你找錯地方被人騙，或是執迷，所以他們真正反對的是「走宗教、走宮廟被騙」，因為有宮廟有人就複雜，也無法辨識好壞善惡。

如果能認知修行是在日常生活中修，是修智慧、修行不一定是跟宮廟寺院宗教畫上等號，或是追求天馬行空無由辨識的超人能力。有神尊可以請教求助是緣份、是助力，有正心念，不貪求，就能辨別宮廟的本質，所以要先把自己日常生活中的智慧修出來，再與神尊共修，而不是依賴神尊，而失去辨別正魔的能力，先以普羅大眾的道德觀為依據，再提升自己以「自然之道」，以神尊的「神性品質」要求自己，自己做好了，相信不會有親人朋友反對你修行的。

1—2、要進入修行，是不是要先超渡祖先，冤親債主？

要進入修行是不是要先超渡祖先以及冤親債主，這是在一般傳統宮廟常聽到的論點，說什麼靈修會有祖靈的問題，以及冤親債主的阻礙。

既然是靈修，當然是認同有無形界的問題，但是是不是要進入修行就一定要先超渡或祭解？這幾天也有師兄姐來問到這個問題，當然，告訴你說要超渡或要祭解，當然有他的用意和目的，這是人做每件事或說任何話一定會有目的的，就像電信業者有一部廣告影片，內容是測試跟家人或朋友說「我愛你」的反應，我想很多人都看過，那得到的反應真的令人莞爾。

對啊，你說這句話的用意和目的是什麼？聽到的人都會反應思考然後問一下，尤其是情侶，你忽然跟妳男友女友說「我愛你」，目的是什麼？做事說話一定有他的目的，只是你願不願意承認或面對，你不會沒事跑去女友家吧？問候一下，露面一下，目的是什麼？增加熟悉度或親密關係嘛，你沒事跑去爬山幹嘛？閒閒沒事散散心也好，練練身體呼吸新鮮空氣，陪好朋友運動運動都好，總是有你想要達到的目的。

要進入修行也一樣，要問為什麼？為什麼？為什麼？

因為想靜靜，因為想放下煩惱，因為想得到神佛的庇蔭，因為想放鬆自己，因為想修得處理事情的能力，因為想開智慧，因為想成仙成佛；因為你有「想要」，所以你會去做，這個想要就是你要得到的目的，因為「要」才去做才去說，所以你要去承認這個「要」，而不是放下。承認了這些要，你才能在接下來的問題中去取捨，所以進入修行的第一個智慧關卡就出現了。

當人家跟你說：進入修行要先超渡祖先冤親債主，不然會阻礙。想一想這句話，如果是這樣，那是不是不修就沒有事了？這樣幹嘛要修；那他跟你講要超渡要祭解才好修，目的是什麼？

我們先說超渡祖先，祖靈的問題啦，如果祖先都沒去投胎，過得很不好，那是不是靈很弱，靈很弱祂只能來求你幫忙，能影響你什麼？頂多來求助於你。如果祖先靈都過得很好很強，那他需要來求妳嗎？再者，算祖靈跟你是一脈的或是有緣的，俗話說：「一人得道，雞犬升天」，家裡有人要修，修得成祂是獲利者，祂有什麼理由不幫你，還來擾亂你，所以需要超渡嗎？

每季每年都要超渡，是超渡沒有用，還是真的親人難渡？難渡更需要有家人去修，看有沒有機會修成正果，你修成正果剛好來渡祂們了，祂們會來干擾你嗎？幫你都還來不及。

至於冤親債主，無形的冤親債主更希望妳認真去修，修了有功德有能量了正好可以還他，就像你的債權人一樣，怕你不工作沒錢還而已，會怕你想去做事業打拼嗎？巴不得妳趕快去工作賺錢咧。

那有說怕你離鄉背井不回來了，所以要干擾你，真的來要債了，再跟他協調就好，只要你真的是要工作賺錢，不是想要逃避的，應該都可以溝通協調，不行再請神尊（好像法官、律師）做保人或立協議書，債權人都不讓你去打拼工作，他們更沒機會要回債務，除非你真的累世有大惡不赦的，否則哪有你有心賺錢來還，他還干擾你的。

所以想想要你超渡祭解的人目的是什麼？沒什麼事，要去工作了先要付買路錢？先要仲介費嗎？還是保護費？真的，修行真的沒那麼複雜，靜下心來，從日常生活中去修正；當你的能量強了，要幫祖先，要還冤親債主都沒有問題的。

不先超渡，那修行要怎麼修？修行不就要「去煩惱」，「增功德」，「加強能量」嗎？從自己做得到的開始做，家人、老公、小孩、親戚、朋友先安頓好，先溝通，有宮廟的事，先把家裡事安排好做好再出門，這樣是不是去掉出門的煩惱了。

老公小孩不聽話的，靜下心來修正對待的方式，先改自己的說話的語調跟說話的態度，暫時沒辦法溝通的先不要溝通了，等自己能量俱足，講話夠份量了再來溝通，不然只是爭執而已，是不是對老公小孩的煩惱擔憂可以先放下了。

再來就自己能力所及，從小地方開始助人助眾生，這樣可以慢慢累積自己能量並減少能量的損耗，壓力減少，煩惱降低，慢慢心情就會輕鬆愉快，這才是修行的根本。

那冤親債主要不要超渡？當然要啊，不超渡怎麼行，但是那些無形眾生要超渡是有時有陣，要看時候，不用急，人家都沒告上法院，也還願意讓你欠著，妳都還沒能量還咧，幹嘛急著請他們過來會商，所以真的要超渡的是身邊有形的冤親債主，真的會阻礙你修行的，是你的家人老公小孩跟親朋好友啊。

要怎樣把這些冤親債主「超渡」好才是進入修行的首要之務；要不要跟老公補一補身，撒撒嬌，要不要教好小孩，讓他能夠獨立自主，不會事事要你幫忙做，要不要跟朋友親戚打好人際關係，讓別人不說閒話，讓你要出門到道場宮廟打坐可以順利出門，不會打坐到一半電話催你、罵你、影響你心情。把這些冤親債主「超渡好」，你要出門拜神，老公笑瞇瞇把妳送到，甚至還跟你一起精進修行，小孩也樂意陪著你跑，樂意接觸神尊，這樣就是修行的入門功課完成。

所以要不要超渡？用超渡的虔敬的心態，先超渡自己以及自己的家人朋友比較實在，再來修行。至於修行，就是老實打坐（修佛淨土說的就是老實念佛，老實念經），老實做人，老實做事而已。

1—3、審視靈修修行的要求及標準

—靈修修行，是以「良知良能」的神性品質為依歸

一般宗教修行總有一些教條戒律，這些戒律無非是希望進門修行者有一個遵循的依據，大部分宗教都是教人正行，與人為善的，這是最基本的要求，其實

宗教的本意就是在教化，有一個宗旨，然後依據這個宗旨來教化人心，來導正行為。

這是一般人初進入修行或宗教最好的方式跟導引，避免初進入者無所適從，這是宗教戒律的修行，用規範來修正行為跟習慣，這是外在加諸的要求，會有一些強制力，這個強制力來自於團體的監督，有覺醒者慢慢轉為內心自我的約束，未省察者則依樣畫葫蘆，也不失和諧。但是如果沒有自心的覺醒，其實一樣會茫然不知所終。

因為戒律教條，其標準是有範圍界限的，也盡量簡單化好讓信者易於依循，有形的東西就有時而盡，教條的描述也只能在有形的範疇內敘述並在範疇內行為。而無形的心的思維卻是時時可以衝破界限的，所以最終如果沒有內心的覺醒來導引自己的方向，即使做到戒律的要求，心依舊會茫然，最後不得不依賴神明或撒旦，魔鬼。

所以現代宗教的修行大都頃向神佛靠攏，期待神佛在人遇到困難時能拉一把或臨終時能被接引，所以修行變成拜神拜佛，求神求佛，而忘了最終目的是修正自己讓自己能達到神佛的境界。

所以一般佛教徒或佛道信仰者只是讀經，念佛，希望經典有莫大的佛力可以幫自己除危解厄，所以祭解，辦法會，希望神明能幫自己消災解困，思維在於求外力的幫忙，自己只是在求在拜。

其實念經念佛應該是在收攝自己的心，我們不否認經典有它的佛力作用，那是因為自己融入經典中而得的。但佛陀講經時難道只是希望信者去念去讀去聽嗎？應該講經的內容是一個可以實踐的方式跟道理，是希望聽者能依經而行，達到理解經典說法的要意而去實踐去做到經典的境界才是，光是念經聽經卻沒有身體力行，或是求神拜神卻是希望神明幫你解決問題，而神尊告訴你要怎麼做，自己卻如如不動，這真是神佛要的嗎？

經典是要你來依經典去實踐去要求自己做到，而不是要用來求神力求靈通的。真能依經典而行，也幾近於神佛了，自然會有能量展現。

通常不管什麼宗派，大都以善跟倫理道德做為宣揚自己教派的基本準則，所以要教忠教孝，教忍教讓，其實善良與倫理道德只是人與人生活之間的行為規範，從周公制禮作樂，到孔子集大成，這是成聖成賢最基本的要求，也是儒家主要宣揚教化的理念，但是也不盡然符合人性及天道。

教善教倫理道德是儒家的教條，也是做人的基本，但是卻已經是很多人無法做到的。而佛家其實是要教導如何脫離人世之苦，擺脫輪迴，但來到中國，又不得不與儒家教化結合，所以除了原有教義之外又加上倫理道德。但不能否認的，所有戒律也都是擇其要由初淺做起，再由淺入深，達到心的轉換，這是戒律的主要功能。

至於道德道德，什麼是德？中國人造字不是隨便造的，道德是一個倒裝詞，它就是一個「德之道」，它是為了人與人相處不亂而立的一個規範，所以「德」就是用兩人（彳）直一心，或「德」兩人直心（書法字常作此），只是人與人對待上的「兩者如一，不為欺瞞」的心態而已，是兩人同心的意思。

但因為人有自私自利的心，不能坦誠，自然就損德了，反而覺得歐美人士在人的對待上較為直樸，不拐彎抹角，比較有「德」的特質。但修德修善只是人相對待的標準，只是所謂的普世價值觀，卻沒有約束及強制的作用，只能依靠輿論的制裁，而即使做到「善跟德」，其實也是基本的人，修人而已。這是修行的根本。

至於靈修修靈的標準又在哪裡？

靈是沒有規範的，沒有規範並不是無所憑藉或可以胡作非為，祂的規範來自於「靈」的成長要求，祂是依人的修行的覺醒程度而有不同，祂是自由自在表現的，這是靈本身具來的特質，這個規範標準就是所謂的「良知良能」。

心跟靈的覺醒的程度越高，祂的自我要求標準越高，佛說每個人都有佛性都是佛，神尊也說每個人都有神性品質，上帝說人都是上帝的子民，這就是靈性，靈本身具有神佛的特質，這個特質帶領「靈」修行的方向，也是靈修要求的標準所在，所以覺醒程度越高越會要求自己發揮神性特質，而不只是「善跟德」的人為標準，即使人誤入歧途，為非作歹，處在魔道，只要這個特質覺醒，就自然會走向靈所依歸的途徑來，正所謂的放下屠刀立地成佛就是，所謂的幡然悔改就是。

所以靈修為什麼自在，因為祂的自我要求的標準在人的行為標準之上，所以人的標準不成其為標準，祂是超越人的「善跟德」的要求的，所以祂不為人為的模式所限制，祂是來自神性品質的「良知良能」，是以天道為依歸的。

進入靈修是發自心靈本身的要求而成長，並不是外在規範的要求，所以為什麼說真正靈修在修正自我身心的速度很快，因為是「自發性」由內心感受靈的需求而去修正，是由內而外的，不是依外人的要求去修正。

所以靈修不是宗教儀式的修行，也不是術法經典的修行，更不是戒律教條的修行，所有人為儀式規矩對靈來說是有些多餘的，靈是自在的，是高度自我要求希望達到神性品質的，這是靈修者的特性，因為祂來自神佛處也終將回到神佛處。

那你了解你的主靈神尊或無形師嗎？其實你的靈來自何處，靈自身是很清楚的，只是人的意識沒覺醒，無法與靈溝通，無形師的靈源關係是與生俱來，不用找不用求也不用拜師，拜師是你的心清楚祂是師祂是靈源神尊，以一顆恭敬虔誠的心與他相處，去完成祂的使命，而不是跪拜的形式，或是花大把銀子去拜一個人為靈師，這是本末倒置的啊。

一直以來宮廟以這種宮生啦，拜師啦，靈母啦去侷限一個人或一個靈在他們門下修，其實是不是應該這樣？靈是很清楚的，型式不對，規矩繁雜，靈源神尊不同，修的方式有異，靈都會告知，所以跟著感覺走很重要，靈不喜歡拘束，被束縛，靈不喜歡繁複的方式，他喜歡清淨自在，所以審視一下自己的修行為什麼一直惶恐不穩定，為什麼總想逃離，感受一下靈的感覺，就不會荒廢時日了。

1—4、知福、惜福、造福

丁師姐的文章分享

撇開命理與學修，我以我親身經歷分享大家參考，我今生的第一份工作——婦產科，長達二十幾年，手中不知接過多少嬰兒。

現在的工作接觸的是老、病、殘、死……所以對於生與死我個人體悟甚多，可陳述個人意見供參考……

自然生產的生辰是註定的，由不得人，所以暫且不說，剖腹生產可分緊急狀況和看好時辰剖腹產，我也認識很多命理老師，也問他們有關看時辰剖腹生產的看法，有些老師確認時辰可以左右人生，有老師認為三分天註定，七分後天決定（包含家世、教育、個性、生活環境如孟母三遷……），當然我也會好奇觀察這些孩子的成長，以下是我的發現：

1.多胞胎因異卵、同卵的關係，不管男女，有些長得如複製般相似，有些長相、身高、血型、個性…完全不同，在沒有勞健保年代，雙胞胎也很多自然產，他她們出生相隔時間約十~二十分鐘，當然也有異數，剖腹生產相隔約二分鐘，但長大之後，同一家庭，同樣教養的孩子，長大後有些學歷、工作、價值觀、處事態度、成就差異甚大。

2.在很多重要節日，選擇剖腹產的較多，如元旦寶寶、國慶寶寶，這些日子當然也有自然產，但這些人的命運也不會一樣，如同唐氏寶寶、腦性麻痺寶寶，自閉症寶寶，視障、耳障……與很多罕見疾病寶寶……他們的父或母的態度跟能力，會讓這些孩子命運大不相同……除了生辰八字還有姓名學，八字派、生肖派、五行派……這也各派論述不同，該相信誰。

一般來說一個人出生時間與死亡時間是天註定的，我們一生會遇到人、事、物也都不是偶然，遭遇的困難挫折也是註定，但因為成長過程不同，如父母的教養方式和責任感（這跟貧、富無關）、學校教育中老師教育的心態……這些會影響一個人的觀念與態度，當然加上同儕的影響，再加上現在網路，媒體的發達，各種變異因素太多，造成結果命運更難定論。

至於老病殘死，以科學數據來說，平均年齡可活到七、八十歲、但數據並未告知我們，是健康活著的數字，還是失能，臥床需要照顧，有些臥床一、二十年，照顧者倒了，得躁鬱症了，生活陷入困境了，被照顧者一樣臥床，孝順者很多，不孝者也不少，X師兄要講的是保養的重要性，這我個人贊成，飲食，保健食品，運動，都可延緩老化，加上進步的醫療，確實生命延長了，但無常卻不知何時報到……

人知命、惜命，但也樂觀接受生命的最後一刻，壓力，情緒，脾氣對生命絕對是關鍵的影響，學修可修習脾氣，放下執著，看淡人生富貴繁華，權勢，心簡單了，生活簡單了，計較少了，抱怨也少了，一個人一旦看淡一切，生死就不重要了！

而且不管身體多好，無常一定比明天先到，我遇過的產婦先生，醫師本人、朋友，或朋友介紹的，這些人有蓮生活佛弟子，有修道者，有知名命理師，沒人算我不好，我卻從小坎苛，我只有不斷調整心態過日子，每個生命轉折點，總有貴人拉我一把，所以我人生座右銘是「態度決定命運」我知福、惜福、造福。

（感謝丁師姐首肯分享）

1－5、只有靈能教靈，神能教靈

—人能做的只是觀念與經驗分享

感謝多位師兄姐昨天第一次來到玉玄宮結緣，我常說「玉玄宮是神尊的地方」，不是莫林桑的地方，所以只要願意跟神尊做互動，願意親近神尊的師兄姐，都歡迎來到玉玄宮打坐，神尊隨時在，不必定莫林桑在不在宮都可以，玉玄宮是開放的，隨時可以來，因為自己以前打坐時間常在半夜或睡前醒後，打坐時間特別，所以以同理心設定，玉玄宮是完全開放的，二十四小時沒鎖門，半夜也可以來打坐，有保全但不會設定，推門進來就可以了。莫林桑不在就把自己當宮主，以自己的地方的心情來使用它就好。

玉玄宮的神尊中的九龍太子，（龍德公主），玄天上帝，玉皇大帝，三清道祖，這是我靈修以來一直伴隨教導我的神尊，應該說是自己本靈的神尊或無形師，其中還有龍德公主沒有上供桌，基本上就是本靈靈源神尊或自己的無形師，這就是「修本靈」，加持自己香火能量的作用，另外武財神跟地藏王都是辦事時需要請祂們幫忙的，這是供桌上有神像的神尊，再則無極至尊一直是指導師護佑著，盤古大帝，女媧娘娘，五母跟觀音菩薩（自在跟千手觀音）也都會在，其他神尊誠心呼請也會感應，只要你願意靜下心來跟神尊接觸就好。

在玉玄宮，神尊就是老師，不是莫林桑，莫林桑只是做經驗跟觀念的分享，要拜師只要你心中有神在，心中敬仰，神尊就是你的師，拿香起來就是拜了，不用特別再拜師，重點是要你願意，心中尊祂為師，學習祂的精神，神尊不會強迫人拜師的。而莫林桑能做的就是引導協助而已，所以莫林桑沒有弟子跟教學方法的問題，因為莫林桑沒辦法教，所有靈的學習都來自於跟神尊的互動，我只是幫忙把一些現象說明給大家了解而已，把一些觀念傳達給大家，盡量避免走冤枉路而已。

其實修行過程難免有考驗，重點你要用什麼樣的心態接受這個考驗，像我所傳達的觀念跟經驗，有些是與傳統宮廟的做法有很大的差異，那會不會有人異議，當然會，你要如何做？當你清楚自己在做什麼？為什麼做的時候？你就能堅持去做，為什麼有些人會半途而廢，那是因為對所做的事情不完全懂，也不知到目的在哪，所以當有異音出現時，自己就先動搖了信心。

那因為我是實修實證，我所說的都是我「做到也做過」的，我自己心裡很清楚，所以能夠將心得分享給大家，我也曾經有過懷疑跟氣餒，但因為堅持當初與神尊接觸的那份感動，也因為自己的懷疑跟氣餒的事而讓自己更清楚一些「人與神」的互動關係，而更加確立跟神尊學習的心，所以不必怕考驗，堅持道心，回到初心就是了。

那開宮當然要承受很多責任跟批評，因為一般對開宮，尤其是私人宮廟的印象都不太好，既然我們要發揚神尊的精神，想要改變一般人對宮廟的印象，有了這樣的理念，在世俗中就要承受相當的壓力，那只有堅持去做，做到能讓人家認同為止，走我們要傳達的方式，要表現的精神。

曾經宮裡也有人來踢館，有其他宮的人來中傷，也曾為維護靈修的精神而與人鬥筆，早期也曾經因為某師姐個人的感情問題而有人來宮丟雞蛋，也有因辦事理念不合而中斷辦事的代言人，也有人在網路散播謠言誤導社團成員，阻礙修行的；這些一般宮廟都會有的負面狀況也都有發生過；對於一個開宮者而言，很多事情必須承受不必去辯駁，你行的正，經得起人家檢驗，就是最好的反駁。

所以不管是好壞事都要有概括承受的魄力，但也不能怕事，重點是要清楚自己做什麼，時時提醒有外界用顯微鏡檢測的眼光在看，用自己正心去做，沒有秘密，就不怕人家檢測，越檢測就會越興盛，並且越有心願意為神尊來承擔工作，剩下的只有自己能堅持開宮的初心，去維持宮的清靜，跟一顆謙卑向天地學習，向神尊學習的心，不欺人神，不欺自己。

1—6、為什麼要走靈修這條路？

昨天有位師兄跟著師姐到宮裡打坐，問了一個很多人都想知道的問題：為什麼要走靈修這條路？

那是因為師姐有靈修的體質，師兄雖然不認同靈修，但也是陪師姐過來，所以會有他的疑惑。

以前有一個張師兄也問到：靈修是一條無法看到盡頭，辛苦又沒有答案的不歸路，為什麼那麼多人都要去追求？

……

為什麼要走靈修這條路？其實是包含了很多很多的問號，這個問號來自於這位師兄接觸的多是傳統宮廟，很多的法事，科儀，法會，再加上傳統乩童的辦事方式，還有被以對靈的不理解所灌輸的概念；另外還有很多靈修團體（姑且算是靈修）的事件，讓他覺得靈修是一件很危險的法門，再者有些大宮大廟出現不要在大殿打坐靈動的告示牌，感覺好像這些宮廟禁止靈修，（有些是打坐靈動另有地方，主要不要在主殿影響到參拜者參拜，有些是宮廟本身不走靈修）為什麼不像傳統道教宮廟的修法，誦經作科儀煉丹修法就好，要走靈修這麼危險的修行法門。

有危險的概念，那我們先來把危險的概念排除掉好了，沒有危險走起來比較安心。危險基本上是「比較級」不是「絕對級」的，做什麼事都有危險，危險的等級因人因事而異，那什麼狀況會比較不危險？一個是專業，專業就是熟悉、會、懂、理解原理、實作經驗豐富，可以簡化操作，機器可以代替人力就是因為專業化；另一個是專注，也就是專心，穩定，保持良好狀態。

最簡單的例子，你到底該不該開車上路，因為每天每年路上車禍很多很危險，是不是就不應該開車上路？會發生車禍是因為有人無照駕駛，駕駛技術不熟，不遵守交通規則，車輛沒定時檢修保養，那你有沒有這種現象？所以你要不要開車上路？要不要回家？

什麼是危險？裝潢師傅的工具那個不危險，為什麼他們還是成為裝潢師傅，因為帶領他們的就是道地的裝潢師傅啊，教會他們安全使用工具，再加上練習，成就了他們的技術，所以他們就走這一行，那是不是這樣就沒有危險了，還是會有疏忽意外的時候啊，所以就是工作的時候要專注不要分心。

那有人從其他行業轉進來，騙說他是多年經驗的師父（招聘人員時常會遇到這種不會卻裝懂的）或新進行的人，他看到電鋸，看到鋸盤，又是釘槍鐵槌的，還沒熟悉就上工了，這危不危險？當然危險，受傷了，退行了，然後到處說木工這行業很危險，你不要去啦，很容易受傷；就像不會開車或橫衝直撞的新手，就直接開山路，不熟悉又不遵守交通規則，這個才是真的危險。

那很多宮廟在之前並沒有接觸靈修，也沒有靈修的體質，即使已經辦事20～30年，也都跟靈有接觸，但是沒有真正進入靈修的人，還是會一知半解，因為靈修是一個靈要「深切介入」的修行法門，要實修實證，不是去做學問研究或看看書學來的，所以以人的概念去做「學修」，是會卡在人的意識裡頭出不來。

而「必須靈修的靈」會清楚自己需要進入修行的範疇，但是人並不完全查覺，所以會有「靈逼體」的現象，帶著人到處去尋找可以靈修的處所，但是到處的宮廟神壇都好像打著「修行、通靈辦事」的招牌，於是危險就來了，什麼要祭祖先靈，要到哪裡赦罪，要到哪裡助無形眾生，要法會，要普渡，要怎樣怎樣？

人在彷徨的時後通常都失去判斷的能力，等到清醒時已經精神耗盡，破財失身的都有，這是一般走宮廟的人的痛苦，因為剛踏入要修行，只知道要修行卻很難找到適切的修行場所或「引導師」，只有到處試探到處碰撞。

其實也是要經歷這個階段拉，當遇上真正的引導師或宮廟時你才能確認這才是你要的。所以靈修的危險是因為「轉行」到靈修的宮廟太多了，又用原有訓練乩童的方式跟概念，又或是以修法修佛的方式在帶靈修，加上又要標新立異一下，真的想不危險也難。

所以找到清淨的靈修場所跟適切的引導師很重要，確立靈修「簡單自在」的法則，找真正親身進入並體會靈修奧妙的「引導師及無形師」引導，或是靈修系統的通靈人協助（有的通靈人不見得走修行系統，而只是在辦事系統），否則就先在家自在修行。

會進入靈修的靈，幾乎是累世修行的先天靈，先天靈靈修只修本靈，是不修外靈的，所以要往內修自己，修自己只有讓自己越簡單自在，越讓自己的內心不牽掛無阻礙，清空自己的慾念，修正自己符合先天靈單純善良的本質而已。

「簡單自在好操作」就不容易發生危險，複雜化的話危險就來。

排除危險概念了再回到「為什麼要走靈修路」？重點不是為什麼？而是它是先天靈必須要走也非走不可的路，因為祂就是帶著人往這條路走，就像是這條路就是回家的路，你繞路走到其他地方去了只是走遠路，還是要回到這條路上來，因為「回家」就只有這條路。

雖然有些辦事的師兄姐會接收神尊降駕或是靈乩或是通靈，但如果沒有修行慢慢理解「靈」的模式，或自己去體會靈的運作，也會沒辦法理解靈為什麼有這些行為模式的，所以才會去排斥靈的種種行為，排斥就會產生模糊地帶，產生「誤區」；修靈可以讓通靈人溝通能力加強，接收訊息更清楚，讓降駕或靈乩更輕鬆自在。

靈也是一個「智慧生命體」，是有思辨能力，所以當你用人的意識要去控制卻不合自然道理的時候，就會產生壓力，會有不良反應的，靈也會憂鬱，也會受傷，所以表現在身心上就有病勢現象產生，或影響臟器或影響心理。也由於身心長期不協調，影響你的思緒及判斷力，導致工作事業跟人際關係發生狀況，那接觸靈修並不是要你去做乩童（也不會成為乩童）或整天耗在宮廟裡頭，靈修是自然自在的，是讓你的靈可以跟神尊接觸，神尊是無所不在的，只要你願意接觸，撥時間接觸，在生活中修行就好。靈修並沒有要你放下生活。

那為什麼靈修是回家唯一的路？這是針對「靈修者的靈」而言，佛教是回到西方極樂世界，是回到佛國，基督天主教是回到天堂找耶穌，回教則是回到啊拉身邊，道教則是追求長生不老，作逍遙散仙，每個系統都有不同回家的路。其實每個人都有靈，只是回家的路不同，佛家也會有靈通，只是不做修靈的訴求而是修心，道家基督都有靈魂的說法，只是各有回家的方式。你是靈修者跟著別的系統的靈回家，充其量只是做客而已。

靈修之所以看不到盡頭是條不歸路，是因為靈是累世修行，如果你站在人的短暫生命的立場看，當然是不歸路，站在靈的立場看則靈修正是走在回家的路上了。靈修者只有跟靈配合，清楚靈要走的方向，幫靈把功課作好，把靈修到無有牽掛，回到空冷的狀態，做個無負擔的人，讓身心靈自在，「自在」是一個很重要的概念。

1－7、修行和靈修有什麼不同？

說「修行」應該是很沉重，所以現在很多人都改成說「學修」，一個作用是很謙虛的說自己還在學，還在修，一個是避掉一般人對修行的印象。

傳統對修行人的定義，是對有德有品，能涵養自己行為，超脫於一般世俗做法者的尊稱，不管是修養自己德性，還是對自己所要做的事有所理想與堅持的去做的過程，其實著重的都是心性的修養與精神層面的提升，所以稱這種人為修行者或簡稱為行者，因為展現於外的行為過程跟表露的精神，正是「心」的力量的展現，是一個心的堅持，跟心性高度所散發出來的外相的體現。所以行是對內心涵養的展現最好的註解而已。

因為心是不可見的，可見的是表露在外的行為，所以古人說「誠於中，形於外」，因此，修行者是指內心所知所見所想與展現於外的行為能夠相符合，而且是能為人所敬重的人，而其行為是可以歷經人、事、時、地、物的試煉的，這種人才是修行者。

就像關雲長先生，歷經戰敗被縛，歷經威脅利誘而不為所動，祂的節操為人所敬仰，而時間是最大考驗；所以孫悟空歷經劫難，而終能護持三藏取經完成，因為祂有強盛的執行力，所以稱祂為「孫行者」。所以修行的重點是不斷的去做，而不是一次就做好，修行是要「有修有行」的過程，在過程中有所堅持自己的品性，這樣才能顯現精神的所在。

所以修行人不是一次完成修行的，一次完成就沒有修的過程，也看不出來有在修，修行是看一次一次的提升與在歷經考驗中對心性節操的堅持，沒有時間的遞延，沒有事件，沒有歧見者的阻修是看不出來修行的。

而修行除了不可見的心性的提升之外，展現在外的行為就是對經、咒、術、法、丹道的認知與深入的程度，由外在行為的堅持以及對事物的體驗認知也可以提升心性的修為，其歷程就是一種轉化的過程，因堅持或對所知所見能「內化」成自己的行為模式，也會影響心性的認知，所以修行是可以外而內也可以內而外的去做，其實就只是一種提升自己的過程，而修行的結果是要通過神佛以及大眾認知的檢驗，而不是自己認定的成果。

那現在一般人對於修行會有負面印象，主要在於一般人認定只要是參與宗教活動或有宗教團體者都會以修行人看待，那相對就會對修行人有高的要求標準，如果以修行的定義而言，當然對他的言行舉止會有比較高標準的要求，但相對的這些人的言行舉止如果沒辦法達到這種要求，甚至還比一般人更為不如，也就破壞了一般人對修行者的印象，殊不知真正修行是在修品性，修心的良知良能的發揮，由於心的美好而讓言行舉止美好，外在的形式是為了修心而設的方便做為。

所以吃素是因為要修心的慈悲，誦經是為了體悟經典的內涵而修正自己的思維想法，讓自己可以因了解而嚮往去做到，去得到智慧，普渡法會也是出於心的慈悲，而願意救渡眾生。但一般修行人則是掛著這些行為而心並不在，充其量只能說是「修型」，修一個型式而已，我們說要無心，是有心做了之後成為自然的行為而達到無心的境界，並不是只做外在表面功夫就好，你有修沒修是會被檢驗的，而不是你自己認為是就是，雖然修要修自在，但是你的不良行為會影響你的自在。

至於說學修或修行，學是學，修是修，行是行。學是因為知不足，不足就會虛，要學以補虛，要納進來自己所不知的，所以學習的基本態度就是一個謙虛而已，拿掉謙虛就無可學的了，因為沒位置可以放新的東西進來了，那學要學什麼？

學是要能將有形的行為知識內化成自己心中擁有的智慧，所以讀經念咒是吸收能量，轉經典的智慧為自己的智慧，學術法丹道的目的，是將術法丹道的精神內化，成為助人（包含自己，自己也是人）的智慧，學也包含經驗的學習，就是現在流行的所謂的社會大學，所有的人事物經歷的學習都一樣，要轉化為無形，轉化的過程就是在修，成為智慧來修正自己的心性行為而能實際去助人的過程就是行，包含轉換心性行為而讓自己外在行為舉止有所改變，以及自然而然去助人的過程，這就是行的過程。

所以如何修行？就是一個轉化而後落實在行為上的修正過程而已，千萬不要只學不修，只修不行。所有學到的東西也都要在行的過程中再次修正讓它更臻完美，「學」不是用來炫耀的。你是否明心見性，是表現在你與人事物對應的行為上，而不是自己嘴上。明心見性也是要經歷考驗的。

那修行跟靈修又有什麼不同？其實靈修也只是修行的一種方式，只是在人的心性修為上加入「靈」的運作，基本上還是在修正人的心性品德。

靈是很內化的能量，直接與心性一起作用，我們說有內而外跟外而內的修「行」方式，而靈修是一種「內對內」的修「行」，由靈直接指導心的思維，我們只能說它是從「進入軟體程式內直接修改程式內容」，進而達成人心性的調整，轉換不同的思維運作方式的目的，所以靈修對修正人的思維模式跟行事風格是快速而有效，效果非常驚人。它與一般修行的主要差別在於一個是人的思維要求，就好像是運用戒律去要求人去做到，需要潛移默化，也比較像在更新調整硬體，而靈修是一個靈的直接運作，就好像直接修改腦程式一樣。

至於靈修的一些靈動靈語等等就是修行過程的溝通，只是不是人師對人的提點，而是靈師（無形師）對靈的說明，就像人的修行要內化成無形的智慧，而靈本身就是無形而已，所以只是看得到跟看不到的差別，而其顯現就是人的言行舉止的調整，因為無形所以稱為神蹟，如果看得到過程就不會很神了，以靈來講，這些改變在靈而言只是正常，打坐靈動靈語就像上課一樣，所有靈修的靈都會有這些現象，也就沒有什麼好自己在那邊高傲的了。就只是修行，好好做自己而已。

第二章

靈本唯一，多覺多行

2—1、到底人是只有一條靈或是有多條靈？1

這是剛剛跟師姐在「無極道（二）」的文章裡討論的，一個是化身顯像的問題？一個是人到底有多條靈或是只有一條靈？神跡的部分是我比較不多言的，我主要是傳道的工作，所以只有把道理講明白，讓人有智慧自行判斷，不要盲目去聽信天馬行空的神話，要實修實證，要懂和理解原理。

朱師姐：

請教莫前輩，靈本來就無形無質，我的本靈給我的觀念也是如此。沒有形體、更沒有性別之分。性別是因為累世的轉世，譬如前世可能是投生為男性，前世可能為女性，此世我是女性。並不是靈本身有性別。而此世為女性，就必須學習一些女性的特質（譬如個性太陽剛，不夠溫柔之類的，需要調整）。

但有些人卻會說看到你的本靈是長什麼樣子，穿著古代的服裝（大部分好像都這麼說）、什麼顏色、男的女的、多大年紀。這樣的說法對嗎？

莫林桑：

這就像神尊一樣，為什麼會有這些法像的樣子出來，是對應靈本身修行程度所需要化身的顯相，是為了渡化方便，也就是對應於人的需求而顯現的化身，所以會有菩薩三十三像，也有千百億應化身的說法，無形眾生也會被看到有人形顯相的樣子一樣，有形質化的像是比較好因應，要做處理也比較有對應，而靈的成長也會對應人的氣質形象而顯相，但有相為虛，實則無形無質。

朱師姐：

謝謝前輩。這麼說來，「化身」會不會隨著學修的時間及提昇，而有不同的顯相？（就是以前看到的「相」，和現在看到的「相」會不一樣？）

我們比較常聽到的是「靈長大了」，以前可能三、五歲，現在七、八歲之類的。

莫林桑：

累世轉世可能是男可能是女，因時而異，化身也是會因應時地跟對應關係而變化，像玄天上帝有大帝爺、二帝爺、三帝爺、有玉虛師相的樣子、就是不同時期的法像，觀音也常現女像也是因應度化眾生所需，實則是觀音大士，其實是中性形象。

人的本靈則隨著修行及跟累世神尊緣份會有不同時期的成長變化，或說人的個性也會調整，最終目的是修陰陽和諧平衡，成長的現象最明顯的是太子爺，一～二歲吸奶嘴的，五～七歲玩玩具的，再長大的太子，是成熟的中壇元帥，每個時期法像也不同，其實也是因應人的思維而呈現，這是承接單一神尊靈格的成長變化，那也有承接不同神尊教導，出現有不同靈質的現象，所以人也會有個性上的變化，這個不同靈質的變化就是有人說有多條靈的現象。

這是修行打坐成長的現象，我自己在修行過程中經歷了太子的成長，不同時間到太子宮會靈呈現不同時期的動作跟反應，這個很明顯的變化，所以打坐修行是可以讓靈成長的，甚至位階會提升到另一脈系的神尊來主導。

朱師姐：

「……不同靈質的現象……就是有人說有多條靈的現象」，難怪了，我去別的道場問事就是常常被說成有外靈，問完回來本靈就氣得噗噗跳。

莫林桑：

朱師姐，因為我自己也是接收多條靈現象，逐次一直提升，但如果沒有統合好，就會有多重性格現象，不要錯亂就好。

朱師姐：

前輩，我又迷糊了。您說您有「多條靈現象」，是真的有多條靈？還是只有一條靈，但看起來有不同靈的特質（看起來像多條靈）？

莫林桑：

多條靈應該是說有多個神尊靈的顯化。有些團體並不認同多個神尊顯化教導，認為人都只有一條靈（一個主神），其實是少見多怪，多條靈、多位神尊教導是存在的現象，祂就是存在這種現象，否定也沒用，太多人有這種現象，我自己接觸顯現的就有五位神尊。來教人就是會有接收多條靈現象，每條靈都有祂們的靈的特質，表現在人的身上就有不同的個性顯現，他們並存，逐次修上來不會有問題，也會有一條比較主導的靈來主導，也會因時因事呈現祂們的個性特質。

一般會認定人只有一條靈（事實上也是），所以你另外顯現出來的靈被說是外靈是很正常的，那只是在還沒到祂顯現的時候祂會靜待，時間到了就出現或是你修到一定層級了祂就顯現，或是本靈神尊脈系或是有緣份教導的神尊脈系，都算是本靈靈緣系統。（應該說本靈只有一條，多條靈是可以接收主神以外還有其他多個無形師的教導，而顯現不同神尊教導的個性）

朱師姐：

喔，瞭解。那我可以再問一個問題嗎？譬如我去某個道場問事，那位宮主說我是觀音脈系，然後叫我靈動給他看，我就打了一套拳，然後他就說我有外靈，說打拳的是外靈，講靈語的是本靈，我想請問一下，說人家有「外靈」，是有「看」到有兩條靈嗎？還是依什麼來認定有外靈？只有聊兩三句而已，就能看出靈的特質嗎？（我沒跟他說我有拜其他神尊為師，有教我武術的事，是否他認為觀音脈系就應該是比蓮花指？）

莫林桑：

朱師姐，真的通靈的師兄姐是可以直接看到，或透過詢問神尊可以知道，他會說妳外靈，是因為她說你是觀音脈系（這機率很高，因為觀音脈系眾多）結果你打了一套拳，當然要說妳帶外靈，不然你要她承認她說錯嗎？其實要看功力，很多通靈人也是有只見其一不見其二的狀況。

一般有外靈（比較是指無形眾生）的情況，事主本身會感覺得到，會不舒服或痠痛病的，自己一定知道，至於多位神尊，通常拜師的神尊跟本靈脈系的神尊來教，自己也會清楚，就像導師跟專任老師（也有升級的狀況）的差別一樣，也是有親疏，至於比蓮花指很多母系神尊都會，不必定是觀音脈系，觀音脈系的分辨還有腳步跟其他手勢可以分辨，各個觀音不同法像也會有不同坐立姿勢，所以不是也不能只有用蓮花指來辨別。

答了這麼多，介意我把它另外成文PO在社團讓大家參考嗎？

朱師姐：

感謝前輩耐心的回答，我問題真多。今天跟前輩請益良多，謝謝。好啊。那位宮主，說我是觀音脈系，應該是沒有錯吧？我在十幾年前在唱片行買了一張風X唱片，黃〇〇唱的綠度母心咒的CD，那時沒接觸宗教，也不知道什麼是綠度母，只覺得那張CD很好聽，就買回家了。聽綠度母心咒時會有「被慈母擁抱在懷裡」的感覺。

這張CD尤其在我心情不好時，給我很大的安慰。但是我一直沒接觸宗教，一直到這幾年，前幾年在某個因緣下，達摩祖師收我為弟子，有教我拳法和心法。再加上我是帶太子的駕，這幾年的功課是以「術科（武）」居多。但是我的本靈愛唱歌，歌曲多半是柔柔的、撫慰眾生、抒發情緒的。我的外表又是瘦巴巴、手無縛雞之力的弱女子，完全不搭嘎。

我的感覺是，這幾年的學習是文的武的都要會，要柔能柔、要剛能剛。我自己是覺得沒有衝突。前輩說，有外靈的話，自己本身應該會知道。我的個性並沒有太大的變化，大部份和本靈相呼應，就是比較囡仔性、想法單純、直接，我是覺得並沒有外靈的情形。只是在功課的學習上是比較多樣化、同時進行的，有時文的、有時武的。

也許就會給別人感覺怎麼是一下這樣、一下那樣吧？

莫林桑：

朱師姐，比較囡仔性就是太子性格，觀音柔柔的，達摩是師，也會受祂影響，所以你的個性你自己會清楚多樣性格，你打拳也把宮主唬住了，一般無形師來教，不會說是外靈。

朱師姐：

對，所以這三種性格都有。平常當媽媽時比較柔、進宮參香該武的時候武，跟我兒子一起玩的時候就是囡仔性。呵呵。

莫林桑：

朱師姐，所以多重個性很正常。

2-2、到底人是只有一條靈或是有多條靈？2

剛好在五月十九日時在臉書訊息上，與另一位邱師兄也談到一個靈或多個靈這個問題，所以補註一起參考。

邱師兄：

師兄請問你，講很多種的靈語算正常嗎？家有菩薩，好幾次上課，都說著十幾種靈語，還會唱歌，上課會寫靈文，在沒有紙筆，靈動的狀態下。

莫林桑：

憑空比畫很正常，打坐就坐著就寫了，這是無形師或本靈靈源神尊在教，靈接收後直接「書空」，自在書空就好，不必要一定寫於紙上。

邱師兄：

為什麼會講那麼多種話，還有人說是有其他的靈體和我共存，會不安。

莫林桑：

靈語是靠頻率溝通，發音語氣為輔，有時只是改變頻率而已，放輕鬆持正念，不必不安，開口講靈語，正常是自己的靈在講，那如果自己可接多條靈，每尊神尊的靈的靈語也會不同，有時也會接收其它神尊的靈語代為傳達，或是跟其他神尊做溝通，有的說是靈比較清，所以很容易跟其他神尊接觸。

邱師兄：

謝謝！感恩！放心了！

莫林桑：

幫我宮裡辦事的通靈師姐靈語變化才多咧，每位神尊來靈語都不一樣，都可以直接講跟接收，不要擔心。

邱師兄：

師兄請教你？我昨天碰上一個客人，她用靈語講了一堆，我忍不住也用靈語回應，她卻說我身上有很多正神跳出，吐訴身上的另一神的不是，祂想二十四小時共存。我們講靈語的靈，是我們的原生靈是吧，還叫我不要會五母，瑤池金母和玉山母娘，讓我覺得怪，可以請你幫忙解惑嗎？說瑤池金母，玉山母娘是不好的。

莫林桑：

不好的靈（眾生靈）會讓自己的靈不舒服，所以只要自己舒適愉快就好，即使她說是不好的神，卻很正派又能幫助自己，那是不好嗎？

講靈語是自己的靈在講，有時也會接收其他神靈的靈語，神是開闊的，不會無聊到去講其他神的不是，或是狹隘到要獨佔一個體，（這是正神還是眾生會有的現象？）所以客人這樣講應該是眾生的，就是所謂的外靈（非神尊），研判一下自己的感覺。那會靈只是能量交流，靈會自己調節，會五母，會玉山母娘都可以，以恭敬的心如問候親人長輩一樣的心態就好。

邱師兄：

一個人的身上會有多個神嗎？靈修，只有靈通是嗎？靈與靈之間的靈通，體與靈之間的心通，神如入體是借體！不是嗎？人的意識是不清的，是嗎？

莫林桑：

應該說會有一到多個神尊靈來教導，每個靈會有不同的因緣神尊，所以會有接觸多位神尊的感覺；在靈修上神尊不是入體，而是靈與靈溝通，有時是本靈與其他人的靈去通，有時就是本靈與神尊的靈或其他外靈對話，有可能是神尊整個意念給你，其實不管心、耳、眼通都是靈通；在辦事時偶而需要被借體時會借體給神尊或眾生，但是自己是清楚知道被借體了，自己的靈是暫時待命，而乩童是被神尊借體，人的意識是不清楚的，而靈通自己意識是清楚的。

邱師兄：

若有多個靈祂們會同時在體嗎？都二十四小時共存嗎？

莫林桑：

如果是眾生佔體是會同時在體的（卡到陰的現象，會呈現雙重個性、多重個性），但是神尊是不會佔體的，我們可能接收多位神尊教導，但不是同時展現，而是依時依情來主導，（同時要來指導，可能靈動動作就亂了），但是因為人具有該神尊（無形師）的精神特質，所以也會展現不同的個人特質，只要是自己的本靈大多會在體，但靈也會自己到處跑，要辦事要學習會各自去做。

邱師兄：

個性指的是神佛的精神和特性嗎？

莫林桑：

靈修除了通靈就是讓自己身心靈合一，自己言行提升，大致上人的個性會受自己靈的影響，靈與神不盡然一樣，但會有本靈來源神尊的特質，就像你跟某個老師學習，久了就會有老師的風格跟習性一樣，這拿學習書法或繪畫來講最明顯，所謂的畫風，書體風格，明明是你的字畫，但是就看得出你是哪個師承，哪個門派一樣。

邱師兄：

跟對方講了很多靈語，後來她說我的靈在把她裝肖耶，所以我的靈並不受她任何言語影響是嗎？靈有年齡之分嗎？大小之分嗎？靈會被欺負嗎？對不起！我的問題還真多？還有她說其中一個靈要和我分享另一伴？（在一起時），所以這個是不好的，好奇怪的論點！

莫林桑：

靈會有年齡問題，基本上應該說靈有能量大小（說年齡也行）的問題，所以靈是會成長的，越修能量越強就越成長，以人的看法就是年紀了。

單一條靈是大小問題，多條靈的就是成長到某個階段會由另一條靈來主導，能量有分大小，有大小，就有比較，就會有欺負的問題存在，但欺負本身的前提是不合或不同門派系統，所以是自己的靈（本靈或無形師尊的靈）就不會有這種問題，會產生問題主要是「外靈」（眾生靈）進來所產生，所以會精神分裂大概是出自外靈（魔或無形眾生）沒處理好，有時自己的靈沒統合好也會有這種現象，靈如果本來就是你的，就沒有分享的問題，本來就是共享，會說跟你分享，就有可能是外靈的問題，與你不是同一體的才會分內外，才會說要分享，如果自己覺得很和諧，這個師姐的話聽一聽就好。

邱師兄：

了解，謝謝你！那是她亂了嗎？還說自己是活佛體呢，每次有問題就是從你的文章找答案！真的很謝謝你！

莫林桑：

你的靈已經很清楚，所以在莊她孝維了。靈就是靈，人就是人，要下來修，不是什麼神佛，神佛早就脫離輪迴，坐在神桌上了，還做人到處跑嗎？

2—3、到底人是只有一條靈或是有多條靈？3

廖師姐：

一法身一條靈，讓這條靈帶你找到「回家」的路這才正確！關於多條靈是在自體靈尚未穩定時或是祂允許下會有多條靈來教導，只要持著正心正念與自在的心念下祂們並不會久留。

莫林桑：

所以祂的多樣性是一條靈展現的嗎？

廖師姐：

這麼說好了，法身如同一艘船，自體靈如渡船人，他划船前行歸鄉時會有別人也會搭個便車（別條靈或外靈），但這艘船畢竟是渡船人（自體靈）所有，或許上船人知道歸途不同，會中途下船，渡船人在歸鄉的途中所經歷的驚濤駭浪都是渡船技術的磨鍊與成長（靈的提升），但歸途不變，祂可以多樣性，因為是每個階段的提升所展現不同的樣貌。

所以所談的一條靈或是多條靈時沒那麼複雜，如果都聽命於任一上船的人（多條靈），這樣只會弄亂了自己（自體靈）與方向。（註：本靈，自體靈，自性靈都指本身自我的靈）

莫林桑：

廖師姐，你現在也很會打比喻了喔，如果如你所說是這樣，有沒有可能船東上船了，要聽船東的，海盜上船了，要聽海盜頭目的，這個主導有沒有可能更換？這個題目我也一直在想，很久了，我自己靈動從太子動到龍德公主再動到玄天、玉皇就開始想到現在，到底是一條靈從頭到尾分別扮演不同角色，還是分階段（一條船從頭到尾都是船長在處理）分所有權，主導權，會依狀況有不同的人主導，希望我這樣講可以先把你打亂再重想一下。

還是只認定所有權是船東的，其它的人只是臨時扮演，靠岸就沒有了，還是要認定船東兼船長兼大副是一體的，就說法身是一條船，有小船有大船。

小船就船東兼船長兼舵手，這就是一般人一條靈，大船就複雜了，當然沒有主導船的權力的遊客就算了，過客很快就走，但是船東、船長、大副、舵手都是船的命運的主宰，大風大浪就船長出面，平穩順暢就舵手自在駕駛就好，遇上海盜就要船東出面了，這樣到底是一條靈還是多條靈，是不是會依不同狀況有不同的靈主導，還是就是一條靈扮演不同角色？

所以師姐說的應該是外靈佔體的現象，而不是神尊來教導接收的現象。

廖師姐：

每條靈都是因緣俱足始能藉著法身更上一層樓。

司徒師姐：

每條靈的來去皆是要有神尊做主同意才能來的，其目的也因人而異，大多是為了學習與成長，有時也會出考題，當下你是不知的，等經歷完之後才知。

廖師姐：

無法身亦難渡，所以多條靈就想上法身，自體靈上有無形師（主神），不管經歷多大的風暴，其主神自會作主，有主神作主，其他神靈有因緣自會教導祂的心法（法門）給自體靈後便離開，祂們不會佔為己有。對於外靈就另當別論了，靈弱時或心念使然，他們可就會趁虛而入，所以關於多條靈或一條靈就不要想得太複雜了。

朱師姐：

莫前輩，您說「我自己靈動從太子動到龍德公主再動到玄天，玉皇……」這是分階段的嗎？還是同時期扮演那麼多種角色？我以前接觸的那個道場的老師來說，她的本靈是玉鳳，但是她帶母娘的駕，以母娘在辦事。有時她也要接其他神尊的駕，例如去龍隱寺時就接濟公的駕，或是平時做功課時觀音菩薩、地藏王菩薩、土地公……等神尊來指導或有事交待，就接那位神尊的駕。老師說那叫做

「哇駕」（台語：靠近的意思，但不是上身，人都還有意識的）。但是女生接男性神尊的駕會比較吃力。

還有一種情形叫做「轉盤」。譬如有人原本是帶「仙童」的駕，修了幾年修得還不錯，上面就讓她改接別的駕，往上提昇。我覺得莫前輩好像比較像是這種狀況。不知道對不對？

莫林桑：

本來分階段在練習，依層次提升，練了以後會同時來，我是太子先來，一段時間後換龍德公主，再一段時間後接玄天，再來接玉皇，剛開始是一尊靈動，後來靈動是一駕完接另一駕，都是輪流動，其他神尊來也會接，「哇駕」有借用別尊神駕的駕的意思，借用讓他靠近也使用，我有妳說的兩種情形，我們沒有轉盤的名詞，有點像轉盤，卻又同時存在，有時我也會接千手觀音，濟公的靈，我們沒有所謂「哇駕」，就是會靈而已。

朱師姐：

「哇駕」像是「借體傳話」。神尊有事要傳達時，必須透過一個肉身來講話。我們那邊的學員都是初學者，所以都是老師自己接。

朱師姐：

前輩，我可以請教一個問題嗎？

講到多條靈，我有一個疑問。我是修本靈，所以沒有「靈是從哪裡來的問題」。但不是修本靈的人，他們的靈駕是從哪裡來的？我不是指脈系源頭。比如您說您有太子、龍德公主、玄天上帝、玉皇。是某天接到某大廟神尊指示要派一位靈駕來跟您一起修？還是說某天突然說了一個不一樣的靈語，才發現多了一位靈駕，然後再去驗證是哪位神尊的靈駕？我以前學修的道場，有人修仙童、寒童，有人修玉女、玉龍……等等，但都不是本靈。我現在才想到這問題，他們的靈駕是怎麼來的？

莫林桑：

不是修本靈的靈駕到底從何而來？這個是很麻煩的，不修本靈、接神駕，那到底是接神尊還是接眾生。像我是靈動一段時間後自然又多了一尊神駕來教，在靈動中自然轉換，不是外靈，來了以後每次靈動就是兩個先後都會來，又一段時間第三尊靈駕又很自然到來，然後靈動就是三尊靈駕輪流動，第四尊就比較靜態，我們是沒有說要指示到那個廟接靈駕的問題，都是自然而然來的。沒有指示要到哪裡跟那個神尊修，都是在宮裡自然接靈。因為我們接神尊大都是天上直降的靈駕。

楊師姐：

以我個人的經驗來說，「朝代靈」是我們累世的靈魂記憶壓縮，每轉一世就有所牽掛跟執著，隱藏在我們的深沉記憶裡面，藉由修行，把埋在深沉的記憶一一翻攪，在渡自己的累世罣礙及修正自己的心念，最後才會見到自己的本靈，這是我自己的經歷，跟大家分享。

朱師姐：

我是沒有朝代靈的觀念。是本靈一直轉世，所以才有前世今生。我只有一條靈的觀念。不過在剛啟靈的時候，那時祂每天晚上都要唱歌。有時唱的曲子像花旦、有時像小生、有時像是威武的將軍、有時像在唱兒歌、也有唱過「哭調仔」，非常多變化（這些都是我不會的）。我當時的指導老師是說，因為剛醒來，祂先把硬碟整顆掃過一遍，這些都是祂累世的記憶。現在唱歌的曲風就大概固定了，沒那麼多變化了（現在叫我唱那些花旦小生，我也唱不出來啊）

莫林桑：

朝代靈這個名詞比較奇怪，應該是累世儲存的記憶被打開，就好像記憶硬體只有一顆，或許是不同儲存槽，但不會是另外一顆硬碟。

2-4、靈修概念的探討（一）—本靈修與外靈共修說明

現在的很多團體創造了「學」「修」這個名詞，文字語言本來就有「約定成俗」的現象，也無不可，有些傳統是要創新，有些值得保留，只學只修卻不「行」，會沒有意義，所以佛教除了信、願以外，更注重的是「行」。為什麼以前修行人叫「行者」，像孫悟空叫「孫行者」而不叫「孫修者」或「孫學者」，西天取經就是做就是行而已，哪那麼多話，不叫修者或學者，只要看為什麼現在學者治國會問題一堆就知道了，修行修行，中國的連意詞就是著重在後一個字，像「政治」主要是在「治」，所以會講修「行」有他的意義在。

但因現在修口的也說修行，修外表的也說修行，穿上各色團體服的就說是修行，其實何必在意，各修各法，修行是修自己，管別人怎麼修，自己修什麼才重要。

對於現在外界對靈修的概念，有很多需要探討的地方：

問題一

須修正的一般概念，林師兄所提：1.靈修大略分兩種，本靈修，也就是先天靈質。或與外靈共修，後天靈質，一者神靈啟靈，二者由法師，或神尊降駕啟靈，自己是不是有了解自己是何類別，另有一類是在不知覺之下，被啟靈，這是最不應該的行為。

以上這個概念是有很大商榷的空間的。

首先：靈修只有修自己本靈，沒有所謂「外靈共修」，外靈共修就好像是第三者，是小王或小三，以你而言，與小三或小王同居屋簷下，這是一般的正常現象嗎？你願意嗎？除非不知情或是有協商才有可能，所以「外靈共修」是特例不是常態，但最後是本靈受傷害。

那外靈有幾種？一種是所謂無形眾生的外靈，這種外靈通常是不請自來，有善性共修與惡意掠奪，就像小三有的願意照顧，有要人的狀態，有的只是要錢財不要人，通常都不是好的現象，一般都需要排除。

另一種外靈共修則是非本身靈源神尊的外靈共修，這種現象通常都是追求神通，人為希望擁有神通能力的人比較容易產生的現象，善心善念的也是有正神來教，心術不正或無知的，是神是魔來共修則不知，這個比較會有請神容易送神難的現象，通常也是以攫取吸收你的香火能量為主。

所以「外靈共修」，基本上是比較不被認同的。

有關啟靈的問題，通常都是神尊啟靈，不管你是知覺的或是不知不覺的或是人師作為去啟靈的，都是神尊在處理。只是啟靈後修的問題，對於人師不看程度不分層次就啟靈，造成被外靈影響的所在都有，這個月有兩師兄姐來處理這個問題，要共修的無形眾生的外靈，只能告誡暫時讓祂們和平共存，（雖然是共修他還是外靈，外加就是多餘不自然），再來要補充自己能量，至於非善意的外靈可以請神尊排除，那在自我修行中，自己能量強了，外靈也就自然無法依附會離開的。

那外靈也有男有女，不是腳步輕盈或動作大辣辣的問題，這問題跟會哪尊神尊是一樣的，不同神尊有不同動作：我自己也會過父系與母系眾神，剛柔各自不同，腳步舞步表情動作各自不同。會神尊與跟外靈共修的不同，在於能量的接收與儲存，與本靈修會完神尊是能量充沛，精神舒暢，與外靈共修，則人會虛累，常感不適，所以不是善不善待人體的問題，而是精神能量，外靈是來掠奪分一杯羹，而本靈與神尊是補充我們的能量，所以正常打坐完是精神很舒服愉快，精神飽滿的。

2－5、靈修概念的探討（二）—靈修是自然法、無形法

問題二

須修正的一般概念，林師兄所提：2.靈修本門，是一種層層節制的法門，修者必須要按步就班的練習精進，有很多人初學時，就一味的要認主，找主，會主，到處去問，拔杯，這是錯誤。

莫林桑：

靈修本門是一個無形法，是一個自然法，並不是一個層層節制的法門，這在之前提到屬於有關「戒律修行」的法門不同，戒律修行是有形法，所以法門修持上有層層節制，在術法修為上有層層節制，在門派階級中有層層節制，要按部就班，這是人為的法，人為的學問上才會出現這種現象，即使你很精進，也很難超越這個規矩，這就是六祖慧能要拿著袈裟逃亡的原因。

至於「靈修」，祂是超越這些有形規矩戒律的，每個人的靈累世修行的程

度是不同的，所帶的靈質跟靈值也不同，所以一進入靈修，每個人的進境是不同的，因為不是齊頭式平等的狀態，所以人的規矩戒律是沒辦法侷限祂的。

對於「靈修」而言，每個人都是一部直達上天的電梯，提升速度的快慢，端看你自己修行保養及增加的配備而不同，所以不是先進入靈修範疇就一定先有成就，或成就就比較高，不是的，祂隨時都可以超越或被超越，所以靈修是修自己，也是隨時要保有自己修的概念，因為成就是自己的。

再來靈動時的神駕辨識，通常剛開始的修行會辨不出來，但善意或非善意是可以知道，就像剛剛提的能量法則，但是不是要認主才能修。

基本上是不用找主會主的，因為你的主是隨時跟著你，你沒認沒會祂祂也在，只是你還不到能力去辨識而已，所以去點靈認主是多餘的。通常沒辦法辨識認主的原因，一部分是對神尊的認識了解沒那麼多，一部分是自己體會及溝通能力還不夠，三是沒有到過有自己主靈的宮廟。

像我主靈龍德公主我也是會了半年多才知道是龍德公主，但有差嗎？我不知道是祂，但跟祂已經很熟了。你不知認主會主，其實祂自己也會來找你，急什麼？自己能量累積足夠了嗎？那要認知自己的主靈，除了多打坐配合在打坐靈動與主靈對答外，一個是多了解神尊法像，還有去會靈體驗看看，別人告訴你主神是誰，你就相信嗎？要去會靈感應看看，不是人家講什麼就是什麼？那神尊法像的動作會在你打坐靈動中出現，這是最直接的自我驗證。

朱師姐：

對神尊的認識不夠多，這是一個問題。因為我是啟靈後才開始接觸道教的，而道教神尊又很多，我本靈又很小，結果就是……白頭髮長鬍子的就喊「爺爺」，女性喊「姥姥」，年輕一點的就什麼「媽媽」、「爸爸」……，所以我也搞不清楚現在來指導的是誰，金害。

莫林桑：

朱師姐，純真自然，是靈修者的特性。

2—6、靈修概念的探討（三）—靜坐的方法與場所

問題三

須修正的一般概念，林師兄所提：3.如靜坐，也不是初學者要坐就可以單

獨靜坐，靈修靜坐最好是大廟，或宮壇，但這都是旁邊要有人，有形師，或懂的人，看護著，免得節外生枝，受於干擾。靜坐時，人員六，七個同時坐為宜，禁忌，在家中靜坐，在旁邊沒人護，這較容易招來外靈、魔入體，因為你無能力辨識，或不正確時，也無能力掃除，驅趕外魔。

莫林桑：

這個概念剛好與靈修有點背道。說走火入魔，這真的是被人嚇怕的，當然如果地方複雜，干擾難免，其實只要正心正念，不貪求神通，無以招魔。

但如果大家都在家中坐，恐怕宮廟神壇就不用開那麼多了；通常江湖話術：先驚嚇他，再幫他收驚。去大宮大廟可以，通常到私人宮廟神壇反而被卡得更多，一個是被外靈或宮裡奉祀的神（是神嗎？）卡到，一個更嚴重的是被人卡（卡到人），對靈修一知半解又沒實際操作過，然後來帶靈修的人，被觀念卡到的狀況比卡陰更嚴重更難排除。

那打坐要人看，那是要學氣功或打禪三禪七。靈修打坐是可以自修的，共修只是增強能量，只有在轉靈時怕人衝撞受傷最好有人顧著，有懂的人幫忙照看也是好的，不過穩定成熟的靈也是可以不用的，正心正念才是修行的要求跟避免外靈干擾的最好的方式。靈修的靈通常是自在清靜，不喜歡嘈雜的環境。

朱師姐的疑問：

「禁忌，在家中靜坐，在旁邊沒人護，這較容易招來外靈，魔入體」——關於靜坐，到底能不能自己在家靜坐？有一派說法認為一定要在宮廟道場，才有人護著。另一派說法認為現在外面宮廟道場也很亂，還是不要亂跑比較好。與其亂跑，卡了一堆有的沒的，不如在家自修就好。

我想現在自己自動啟靈的人應該會愈來愈多。明師難尋，也會有愈來愈多人是「自修生」。能不能自己在家靜坐？我覺得是因人而異，不能以偏概全。心中保持正信正念正氣，就不怕會入魔。若是貪求神通、心術不正，那就算是在宮廟道場靜坐，照樣會入魔啊。

但若是講到靜坐時的各種狀況（會靈動、說或唱靈語、或是有無形師尊來指導等等），如果在宮廟道場有前輩指導，那當然是更好了。在家自修，有時是比較辛苦的。

莫林桑：

在家中靜坐的部分以前在社團內已經有文章敘述，可以參考，現在外頭宮廟神壇良莠不齊，很多師兄姐都被騙怕了，反而耽誤了很多該修行功課的，所以神尊也鼓勵在家中靜坐自修，當找到適合的宮廟修行時，不但要清很多垃圾，對於靈修的靈是很喜歡清靜的，對嘈雜的法會或進香或是傳統處理的方式比較會要閃避開，所以在家靜坐自修越來越普遍，佛家也有那麼多在家眾，靈修更是會需要。有關這部分越是靈清自在的越是喜歡自在自修，其實這個問通靈人最清楚，神尊哪有那麼多忌諱。

問題四

須修正的一般概念，林師兄所提：4.靜坐絕對不是隨便坐，如何調氣，吐納，都是功課。

莫林桑：

人的學問是需要學，所以有經典／規矩，要調氣吐納，這都是人為，若加上人師不正確觀念傳輸，造成影響更嚴重，所謂「盡信書不如無書」，以靈修一樣「盡信人師不如無師」，反倒是自修跟隨無形師來的實在。我這邊最近來了幾個「卡到人」而不是卡到陰的師兄姐（卡在被灌輸的錯誤觀念），要導正這種概念比「卡到陰」更難處理，靈修自修非閉門造車可比，人為調氣吐納更是不必，靜坐到深層是沒有感覺到呼吸的，就是一個自然存在，是與大氣合一的狀態。

問題五

須修正的一般概念，林師兄所提：5.靈動，在初期的靈動，絕對不是神駕入體，一般靈動，很多人誤解了是神佛下駕，這都是錯誤的觀念。靈修，有本靈修，外靈共修，所以在靈動也會不一樣，本靈靈動比較單純，如靈動時輕妙蔓步，善待人體，外靈共修靈動比較動作大，不顧人體，有時也會有奇異的動作。

莫林桑：

這個部分就本靈修跟修外靈的概念摻混了，有實際現象相符也有跟實際現象不符的狀況。靈修靈動是靈與靈會，接收訊息，就像手機接到資訊，然後把唱歌或跳舞影像展現出來一樣，與乩童的神尊降駕或刻意去求神尊降駕來靈動靈語不同。

朱師姐的質疑：

「本靈靈動比較單純，如靈動時輕妙蔓步，善待人體，外靈共修靈動比較動作大，不顧人體，有時也會有奇異的動作。」

這段話好眼熟啊，好像之前在網路上爬文也看過。但我不是完全很認同吔，本靈就一定是「輕妙蔓步」嗎？要看您是帶什麼駕啊，我如果帶的是三太子，也是「輕妙蔓步」嗎？不會吧？我是修本靈，但我起駕時也是「呼呼賀賀」的。不過本靈會「善待人體」倒是真的。至少我的本靈會和我互相配合。

我指的本靈會「善待人體」，不是指起駕的時候，而是指平常時。祂會考量我的工作狀況、家庭因素等等，配合我的狀況學習，譬如祂不會在公司裡給我起駕，不然過年開春公司請醒獅團來表演，我聽到鼓聲可能就跳起來了。我也會盡量配合祂，譬如吃素、或是祂想去哪裡，只要我到得了，就盡量帶祂去會一會。

莫林桑：

神駕入體的部分是傳統乩童的方式，真正靈修通靈是沒有這個問題的，以傳統宮廟訓乩概念的「學」跟「觀察」的角度來看是可以的，但是沒有進入靈修的狀態很難理解「靈與靈會」的狀態，靈修的靈動跟訓乩是不一樣的，訓乩比較會有外靈的問題，靈修的靈動只要不是人為啟靈，通常是打坐點數夠了，靈比較穩了，可以接觸本靈神尊了，才會靈動講天語，跟修外靈及訓乩比起來是很安全的，就是怕人為啟靈，靈尚未穩定的狀態而已。所以說「靈動」是不用神駕入體的，靈駕或神駕入體是與靈修概念相差很遠的，乩童或靈乩才有這個問體，那無形外靈佔體是可以排除的，非靈修正常現象。外靈共修是追求神力產生的後遺症，是不可取的非正常現象。

靈修是「一」的一體的完整概念，是一片森林，不是一兩棵樹或一兩個樹種能涵蓋的。

2-7、靈修概念的探討（四）—啟靈與靈動的辨別

問題六

須調整的一般概念，林師兄所提：6.初學者的靈動，是靈非神駕這必須要先認識，是本靈附體靈動，也是外靈附體靈動，學修三、四年還無法辨識那何意要學修，如師姐所言，你是自己啟靈，那更加不可能，此時本身還沒法辨識，如果是時間到神靈啟靈，還是本靈自己啟靈，神駕都會交待清楚，要你如何學修，是何靈主來啟動的。

莫林桑：

會提出這種概念的，大多是以有形的人的學問的角度在看靈修。要用有形去

框住無形，結果是只能看到一部分，然後以偏概全來談靈修。

靈修的靈動不是外靈附體，也不是本靈附體在動，是本靈感應宇宙間磁力（神靈），被吸引或牽引而動，沒有所謂附不附體，那被附體狀況又是另一種「體被外靈控制」然後牽動的現象，就像乩童與本靈的靈動不同。自己啟靈只是自然啟靈的現象，好像在主神、靈師上課之中忽然理解領悟了道理相同，不必定是要完全交代清楚的，就像有必要跟一年級的學生交代到上完大學的問題嗎？一樣的道理。

靈修不是人的學問，而是靈的功課，我們可以這樣講：人（身心）是陪公子讀書的，所以靈的學習到底會不會有六年小學畢業，三年、六年國高中，四年大學畢業的問題，基本上是沒辦法這樣衡量的，人的學問只要認真學習，勤練習，智慧不會太差，熟練了就可以當老師，其實國中教國小就綽綽有餘。但是靈的學問沒辦法這樣界定，因為靈的學習是累世的，無可丈量的，靈質不是以年計算。

那有人說要先認主知主才能修？那要等到什麼時候開始修啊，修是有心在就隨時在修，修心養靈，那是先天靈、轉世靈還是新的靈，都會影響修行時程及進度快慢。那靈修是修自己的靈，自己的靈隨時都在，你的主神及靈源神尊在你還沒降生時就已經認你了，你是新的體如何能知道，所以說要找主認主，要去哪裡找？只要把自己的靈識修出來就好了，自己就是自己的主了，要認什麼麼主？所以外界的點靈認主，到底在點什麼？點了就正確嗎？還是只是誤導的開始，到底誤了多少修行的靈子。

那一般觀念的認主應該說是認靈源神尊，源頭在哪裡？這須要去找去認嗎？神尊護法神隨時都在，只是靈子沒辦法去感應辨識而已，有沒有關係？就算是新生或轉學生好了，來了沒認識半個人，連同學也不認識，那要不要上課？更何況老師是誰我都不認識耶？老師是誰都不認識就不必上課不必讀書了嗎？慢慢就會熟悉了，慢慢就會知道了啊，忽然有一天同學跟你講了，忽然有一天老師特別找你了，你就知道了，就跟老師超熟了，這是靈修的現象，這是靈源靈子的狀況。不知道神尊不能修嗎？小朋友出生不會認人就能吃飯長大捏。

要認主才能修？修幾年一定要如何如何？這是人的想法，不是神的想法，靈跟神就是自在隨緣，反正就是上課下課成長，就是修，靈也在，靈源神尊也在，修行就成立了，但是最最重要的是什麼？就是一顆要修行（學習）的心，這才是修行最起始的要件跟精神。

至於何時啟靈？哪尊神尊來啟靈？就跟新生開學報到一樣，有的新生在幼稚園混的油條了，有的新生還是保守害羞，知道要上學（修行）了，來到學校自然有辦理報到的老師跟行政人員指導帶領跟分配，小朋友哪知道哪位是老師，哪位是訓導主任，哪個是校長？知道自己是靈修這一班，不要跑錯地方就好了，上課了學習了以後就知道了。到底是先知道學的東西是什麼？老師校長是誰才開始學？還是先學了再說，當然先學再說。

問題七

須修正的一般概念，林師兄所提：7.說正確觀念，什麼為正確？靈修是一門難學修的法門，因為跟靈山也不同，跟所謂傳統乩也大不相同。

莫林桑：

正確的觀念？什麼是正確？在什麼地方，用什麼立場，用什麼方法最適當，最不會產生後遺症，這就是正確。是非善惡正確與否？都是有立場性，有時間性，有空間性，那想以有形的觀點來框住無形？到底正不正確？說靈修是難修的法門就是想以「人的思維」來界定「靈的修行」，這當然難啊，因為就跟想用比基尼裝的布料要來做洋裝一樣啊，當然很難，如果你都不設限，一匹布兩匹布給你，隨便你做洋裝西裝比基尼都可以，有什麼難的。

一般宮廟佛道修行者把靈修設定為「法」門，要用戒律、科儀、法統什麼的來講或教靈修，就好像在馬路立牌樓，規定只能從牌樓過一樣，事實上「靈」就像三軍，有的是特種部隊，空軍空降部隊，有的是裝甲部隊，你真的要叫他們一樣從這牌樓過嗎？

靈修是最簡單自在的修行法，因為無形，所以不用制約，也無法制約，因為以天地為法，以無極為界，修只有修自己的靈合於天地之道，合於自然，層層提升至無極之境。所以靈修只有自然自在，只有擴大心量到可以穿梭在無極之間。以簡單「靜坐養心」的方式修，進入以後就隨順自然了。

那靈修最重要還是強調，帶著一顆「要修行的心」，一個「向天地學習的謙卑的心」。把靈修講得那麼困難的目的是什麼？靈修不一定要進宮廟啊，靈修不一定要扯進宗教啊，難怪靈修的靈子都被嚇怕了。

靈修修行，是在徬徨中，在無法確定中前進，在自我懷疑中堅持道心，保持自然自在的心。

2－8、靈修概念的探討（五）—自然靜坐與靈文的作用

問題八

須調整的一般概念，林師兄所提：8.開文，有人說隨意，隨地可以開靈文，也有人說開文不可常常開，更有人說靈文隨便，則可焚化，我不知道為什麼？

靈文，對初學者是學習的開始，也是必經之路，靈文有特殊的用途，很多，開靈文是有規距，焚化靈文也有程序，初學者，多數是以靜坐調氣，調靈體，靈動調整體的精氣神，靈語來學習與神靈交談溝通，配合靈文教育，來達到完成學修。

莫林桑：

之前已經講過一般的寫文與辦事的開文的分別，那以進入靈修「打坐」而言，通常會先透過身體的感應以靈動做為開始，通常我比較不想用「靜坐」這個詞，因為靜坐定心下來，常常就會感應到牽引的力量，先從身體頭部微晃開始，到手勢的舞動，身體的搖晃，都可能發生，甚至起身跳舞打拳，所以靈修的靜坐是動靜皆有，是「打靜（打坐）」也是「打動」，這個部分很簡單，就是靜心感應，感應到什麼做什麼。

那有關靈語的部份則要看靈的狀況，有的靈很害羞，會不敢開口說靈語，只要鼓勵引導就行。要開口說靈語之前，通常會感應喉頭或丹田上方胸前有股氣要衝出來，一般的師兄姐沒經驗，不敢開口，也會想開口到底要講什麼？所以一直撐在那裡，應該說是憋在哪裡？這是人為意識；其實只要讓氣自然通過，祂會帶動發音，或許剛開始只是一個單音，但是很快就會感受到音節開始變化。

通常每條靈的靈語是不一樣，神尊的靈語也是每尊神尊都不一樣，就像是人，每個人的發音高低節奏不同一樣，神有神的特質神性，人有人的個性，每尊神每個人都不一樣，但是人會對應自己靈源神尊的特性展現相近的個性特質，所以每個人開口說的靈語是不一樣，千萬不要去學別人的靈語，學不來也不符合自然狀況。

那靈語到底可不可以學習？可以的，但不是依樣畫葫蘆，像鸚鵡學語一樣，而是由已經開口說靈語的人去對談去引導，並且去除心理的隔閡，害羞的心態，只要敢開口敢發音，慢慢就清楚了，靈的學習很快。那初開口的靈，通常會嘰嘰聒聒自己講個不停，沒關係，就讓祂去講去熟悉就好，那在打坐時神尊就會下來對談教導，就像小孩子學習，從牙牙學語開始，然後才進入天文或靈文的學習。

那靈文到底是怎麼狀態？看過小朋友塗鴉嗎？就是那種狀態，從畫圈圈畫圖畫開始，慢慢會成為一個個的單字或符號，才開始整齊而成為篇幅。

那靈文到底有什麼特殊的用途，不要想的太神奇，靈文跟靈語一樣，都是「溝通的工具」而已，你學寫字學中文有什麼特殊的用途，難道靈文可以當機關槍用，只不過是靈界溝通的工具而已啊。那中文的用途是什麼？有的拿來寫文章，有的拿來打屁哈啦，那用在政府機關要怎麼用，就是所謂的「應用文」；以前讀中文系，就二個學分教「應用文」，那只是公家機關的慣用語跟形式，一定要那種形式文法嗎？你用白話沒辦法溝通表明嗎？可以的，只是「公門」啊，官場文化，簡化文字暗藏玄機，推諉卸責順便做公門密碼，方便官官相護上下其手而已，有什麼特殊？

開文不就是寫「應用文」而已，難道要先聚眾抗議嗎？難道在台灣還用啊拉伯文或非洲土話寫公文嗎？現在「陳情書」「請願書」「檢舉函」「申請書」都是上網就可以下載了，有這麼神秘神奇嗎？那到底靈文是要有什麼特殊用途？不過就是「傳達跟記載資料」。

那靈文到底有什麼作用，應該要問什麼東西你會用文字記載，互相之間的約定，合約，資料公告，公文書（紅單，執行命令，公函……）等等，郵票貼足，郵差就送達，你要空運海運，快遞就送達，真的要這麼多麻煩程序，是有形物質信函的運送，如果都沒有形質，做那麼多儀式給人看，有意義嗎？奉香秉一下，甚至當場開當場稟告送達就好，幹嘛把他寫成有形再來化為無形，然後舉辦眾多儀式，豈不是自尋麻煩。

那公文到底有什麼特殊，為什麼總統府總有些機密文件，為什麼國防部特別多機密文件？見不得光啊，所以才需要有各種方式去隱藏，用特殊的規定去阻止人家去了解，辦事寫文送文需要用到這樣的狀態，到底有什麼目的？

辦事開文就像寫公門文書或機關往來存證，或有需要互相告知，僅是文書送達的作用，哪送達公文書的方式有哪些而已？通靈辦事者直接用無形方式運作，有形世界就是郵差，快遞或專人送達，有一定要有什麼規矩嗎？哪有那麼多限制？而自己寫文講靈語，就像是做功課交作文，或是書信往來，溝通聊天就是表達自己的想法看法，或告誡交代事情等等，靈文就無形書寫自在就好。寫信給爸爸媽媽、男女朋友真得要有儀式規矩，那麼麻煩嗎？那送達方式有人想要慎重，用一些花樣或創造驚喜，或是故弄一下玄虛，就看人用心了。沒有人規定一定要放天燈吧？還是要燒紙錢才能跟自己講話，跟家人朋友寫信吧？

至於靜坐，在人意識上是不需要調氣的，而是由靈帶領引導，靈動也不是人為意識去做，兩者能調整的不只是身體，在心理層面的作用，包括紓解壓力，療癒心傷方面，打坐靈動更有不可思議的功能。至於靈與靈之間的會靈則是磁力的接觸而牽動，這是一般降乩、降駕方式操作的人所無法體會的。

靈修歸於「無形」的狀況，跟一般佛道修行與丹、術、法的修練方式截然不同，因為無形所以只能體會，他不是一般做學問，把各家說法的文章整理起來就能了解，要實際體會，才能了解過程中的無法掌握的徬徨，在無法確認的狀態下要堅持道心的心理變化，在自我懷疑中修行卻又不能不做，是很特殊的體驗，沒有走過不知道痛在哪裡？但是帶有靈修體質的師兄姐一定很深刻。要放下心，回歸自然操作，不要被有形的規範所侷限，不要被人綁住，不要被自己綁住，這個很重要。

第三章
適情適性，唯靈自在

3—1、忘言的靈修真意—適性就是自在

外界對於很多宮廟都加上「無極」的字號，認為已經過於氾濫，也相對的懷疑主事者對於無極的認知是否真確？神尊是否真的來自無極？一般人總愛把修行可以到達的境界加以區分，每個宗教都有它的地域地界，所以有分三界，有分三十二天或三十三天，還有分中天界，或太極界，無極界，有分天堂地獄，但大都是談依修行層次可以到達不同天界，那無極到底是什麼？為什麼人都搶著要用無極，是不是無極的神尊就比較高等？

其實靈修修行是沒有宗教之分的，他是在儒釋道回天主基督之上，也可以說涵蓋儒釋道回天主基督在內，以及無宗教迷思者都是；因為有人就有靈，靈會因其本靈（自性靈、元神）的存在而選擇與自己本性相近且認同的教義而歸依進入宗教信仰的領域，每個人都會選擇自己適合的方式或法門去修，當修的法門或方式與他的本靈（自性靈、元神）相融洽時，就是一種自在；這種法門或這種自在並無所謂對錯問題，只是適情適性，能夠真心投入而有所成就就是好的修行。

對神佛而言，若以地球做比喻，神佛的心量境界就像是大海，大海是不辭百川的，大海是無所不接納的，所以能夠成其大，只要你能夠到達大海，就是海洋

的一份子；宗教派別就像是太平洋，印度洋，大西洋，北極海一樣，名稱之分別是因地域區隔而命名，實則海洋是連成一氣的，但是人的分別心及自我的執見造成偏於一隅，並以此為界，以自己所知所見去爭強爭勝辯優劣，如此則失去宏觀全局的角度，其實這是現實存在的現象。

修行法門派別其實也就像百川河水，有清有濁，有淨水有雜物，但都會匯聚大海，這也是存在的現象。修行人能做就是自我抉擇自我本身要走的路，要修的高度？因為當你是長江時，你是沒能力也沒辦法干涉密西西比河，黃河或是印度河水以什麼的狀態或是怎樣的清濁度入海，要夾帶什麼雜質，你只能選擇你長江要以什麼姿態入海，你沒辦法像錢塘江巨浪翻滾，也沒辦法像多瑙河那樣優雅，所以你唯一能做的就是把自己好好入海。

所以在自己所歸依的領域適情適性就是自在，當你不適情不適性時，你的本靈就會帶你抽離，或是由旁支離去或是蒸發而到另一條河流，所以修行是修一個自在，不管是科儀法會，不管是練術練氣練丹或是唱誦經典，只要符合本靈特質，自心愉悅，就是好的場所，好的方式，就是自在，即使是當下的感覺而已，修本來就是一直嘗試，一個機會一個機會去接受理解，直到找到適情適性的方式與場所，所以在一個地方修，一段時間後自己會有體會，不進步了，不愉快了，或是某個事件發生了，本靈也會再度引導你再尋找再嘗試，當然也包括提升，而不是一定定著於一處。

當然適性自在就在一處最是單純，就像佛道家或是天主基督的出家眾一樣，簡單、單純修行很好，但是有些水就是會隨著洋流流向各大洲各大洋，這也是存在的現象，只要是大自然允許存在的現象就是正常，就像河水氾濫是正常，就像鯀要治水用圍堵的方式是正常的，必須要做的，但用錯方法做不好也是正常，就像禹用疏導的方式治水能成功，也是正常，關鍵在於是否合乎自然之理，自然之道。

所以修行方式是否順天，或者逆天？決定你成佛或成魔？這是修行個人的選擇，選擇了要維持這個方向就是要靠修，那是否走偏執了？道德是基本檢視，良知良能是細步檢查，自然之道是最高準則，不合道，勢必失衡，失衡則不免毀壞。

老子說：道生於「一」，這是道家的基本準則，就像是憲法一樣，一生太極，太極分兩儀，兩儀生四象，四象生八卦，八卦生六十四爻，乾坤屯蒙需訟師……等等，這是人世自然現象的檢視與說明，就像民刑法及各種法規；「一」就是憲法，就是神性佛性，兩儀四象八卦六十四爻，就是人世間的遊戲規則及現象，也就是戒律教條。

釋迦佛說人皆有佛性，不要分別心，無分別心就是一個「一」，（只是世間弟子太執著，無法不分別，）而無極也就是一個「一」。「一」的概念就是整體，地球是一個整體，每個太陽系就是個別成為一個整體，宇宙更是一個整體，就是一個「一」的概念，沒有分別。這是靈修必定要培養的識見與概念。

就像各個宗教及無宗教信仰者是各大洋，太平洋也好，大西洋也好，南海也好，以太平洋來看，太平洋是個「一」，以南海來看也是「一」個完整的南海，但以地球來看，只有一種稱呼叫「洋」，叫「海洋」，其他各大洋是歸屬於這個地球海洋的「一」裡面，各大洋是相通為一的，所以這個地球海洋是個無極，相對應於各大洋的太極。無極則是各神佛天主所居的統稱，人是居於地球內，也是無極內的一個所在。這是大集合涵蓋小集合的概念。

以宇宙不管幾度空間來講，就是一個超大的一個「一」，不是人所能理解看透的境界，他是一個存在，涵蓋有界限的所有空間，不管幾天？有天就會有天外天，天內也有天的狀況；不管什麼界，就是會有界內跟界外，而無極則是所有空間的總和，人所生存的世界就在無極內，沒有邊境。

而對於各宗教的教義便如海洋內地形生物，是有形體可見的，其實文字教義儀式，都是為了方便傳法，為了方便修行而立的，有形的物質，有形的模式儀軌，不管是經典科儀教條戒律，都是為了讓人易於辨識自己的存在，為了傳法修行方便而設，真的領悟是無法透過語言文字的講解而得，就像釋迦牟尼佛成佛是領悟而來，而不是聽經習法而來，教義付諸文字便是有界，是方便於信眾的修行，當法修到一定的高度時便「無文可文」。

所以借重戒律法會科儀，是各個法門因應教化所需，而禪宗不立文字，則擺脫既有有形法修行的範疇；真正靈修也是擺脫有形法的侷限，無極是無法見，無所見，也不得見，要靈修者回到從自然之道中體悟。所以修行，有形法修行者，以有有形法修行人的需求跟領悟，有有形法修行者的自在；靈修者以靈為主，所以以修無形法能自在。有形無形各有各的自在，適情適性就是好的所在，好的修行。只要適合自己靈性便是自在，就如居住在地球上不是每個人都是同樣的個性與同樣的環境一樣。而這環境也可以由自己選擇的。

陶淵明的飲酒（五）

結廬在人境，而無車馬喧。
問君何能爾，心遠地自偏。
採菊東籬下，悠然見南山。
山氣日夕佳，飛鳥相與還。
此中有真意，欲辯已忘言。

修行是一個體悟的心境，傳法最重要是要心領神會，如置身於天地之間，此中真意，融於大自然，則無言可言。

3－2、有關靈修文疏之寫文、開文、送文

開口講天語跟寫天文，應該是很多靈修師兄姐都會遇上的事，寫文開文有什麼不同，要如何送文？

朱師姐：

莫林桑前輩，可以請教幾個關於「開文」的問題嗎？

1.開文一定要在宮廟道場開嗎？可以在家裡開嗎？
2.開文前要有什麼儀式或動作嗎？例如要點淨香嗎？要先請神尊作主嗎？筆要先燻一下再寫嗎？
3.一定是辦事才能開文嗎？可以想寫就寫嗎？
4.寫了如果沒人可以幫忙看，要怎麼處理？（可以自己去大廟稟、在大廟化嗎？）

莫林桑：

有關「寫文」，送文的部份，只要是真正靈修的師兄姐都會遇到，有的是先開口說靈語，才慢慢進入寫文的階段，有的是口慢開，先練習寫文，但是一定是已經在會靈動的階段了，因為會寫文通常是身體已經可以被帶動，先是打坐的進程中會坐著雙手舞動，然後帶入寫文的狀態，會在空中書寫，通常是以「劍指」做筆，在空中比畫，有的筆畫及文都短，有時筆畫會拉長，都比較像拼音文字；一般個人寫文，大都是靈在敘述當事人的問題或是溝通修行上的狀況或相關親人的狀況。有些時候是主神來做教導，比如寫令，畫符等等，但這都只是個人的練習，不會是辦事需要用到的文，所以只能說是寫文，練習寫文。

那有的師姐會交代把它寫在黃紙上，這只是把無形的天文具像化，如果有可以翻譯的師姐可幫忙，當然把它具像化無妨，可以了解自己修行上的進程跟靈要提醒個人的事項，當然有助於自己的修正及提升，那累積一段時間，把這些練習的文紙燒化即可，有宮廟就在自己修行的宮廟燒化，沒有的話在自家的神明廳或門口秉香燒化送文即可，不需特別禁忌什麼。

那「開文」的部份就是宮廟辦事者或通靈者辦事時所需開立的文疏，這個部份才是所謂的「開文」，因為辦事的話就牽涉到幾個部份：一個是辦事者，一個是請示的人，一個是辦事的宮廟及神尊，一個是接事處理的神尊，這個部份就好像是我們辦活動或是跟政府機關往來的正式公文一樣，所以要有「關防大印」，明確的發文行文收文單位及主辦人員，這個是要負責任的，誰請求誰承辦都很明確。

那「化文」自然是在辦事的宮；所以這個宮有沒有天庭「註冊」就很重要，宮的靈脈是哪裡來的，由那個靈脈的神尊代為上稟，跑流程，所以神尊的位階也很重要，比如你向鄉鎮公所陳情，祂要整理好送縣市政府，牽涉中央單位還要再往上送，時間及效率就差很多；如果是中央單位那直接送到部會或找立委陳請再往下批文回來就很快，如果是沒有註冊的宮，還要請託再請託那就曠日廢時還不見得有效。

以通靈者而言則隨處可以渡化，自是開文不限說一定要在宮廟，通常也都以無形文為之。

靈乩或乩童則在辦事時神尊降駕時會開文，大部分是符令。無辦事時不宜以人為意識開文。

靈修者會靈時寫文只要順無形之勢自然書空就好，除非有通靈師姐老師可翻譯，否則不要徒增麻煩，不然一般灌輸的觀念總認為神尊神聖威嚴不可輕慢不可言笑，一大堆禁忌，其實神尊哪有這樣，祂是和藹可親像父母師長一樣關愛我們，所以有恭敬的心就好，不必禁忌懼怕，所以已寫之文可大廟化之，或在家秉香燒化送文即可。

朱師姐：

「除非有通靈師姐老師可翻譯，否則不要徒增麻煩」

我現在沒人可以翻譯，所以前輩的意思是……能不寫就盡量不要寫是嗎？

我的本靈很愛寫文，可能是以前有老師可以翻譯的關係，想寫就寫，不限在何處。早期甚至還在公司寫（紙筆拿出來就可以寫了，不用什麼儀式）。

有時祂只是抒發心情、發發牢騷。有時是指點（提醒）家裡的事情。有時是想去哪、或是想求什麼事……等等。

但是我現在沒人可以幫我翻譯，不知道是不是還可以像以前一樣，讓祂想寫就寫，累積一些後再去大廟稟、化？

莫林桑：

如果沒有師兄姐可幫忙翻譯，不是說不要寫，該要練習的還是要練習，該要發抒的時候要發抒，但不要寫在紙上就好，靈既然是無形，自然會有無形文紙，寫紙上只是人的好奇想知道，不是必要的動作，既然是靈修，就是不要有形的累贅，所以書空就好，不要寫紙上，也就沒有燒化的問題了。

個人寫文就好像私人書信，開文就好像正式文疏，需要辦事時才開文。

朱師姐：

瞭解，這樣就沒有要拿去哪裡化的問題了？對嗎？

我一啟靈是先寫文才開口的，而且第一次寫文是在辦公室裡拿起計算紙就寫了。

有些人會說開文一定要在宮廟道場寫，還有某位前輩師姐還說要辦事才能寫文，還有人有專用的開文筆，有的人要點淨香，筆還要在淨香上薰一下再寫……等等。我好像都沒這些限制，我都有感覺隨時都可以寫，只是我是習慣用毛筆，不是用簽字筆。所以把以上的疑問提出來請教前輩。非常謝謝前輩都很有耐心的回答我。揪感恩！

補充一下我「寫文」的進化過程。

一開始是麵線糊，一整行幾乎是一筆畫寫下來。後來變成方塊字。「一個方塊」裡面有很多個字。再後來就一個字一個字分開寫。前陣子拿給松山一位老師看，她說我的字是「濃縮的字」。就是看起來是一個字，其實是一個符號，裡面包含了很多意思。所以寫一張就可以寫很多事情了。

莫林桑：

寫文就比較沒有地方限制，有時感覺來了就動了寫了，因為不是辦事，所以更隨興自在。

林師姐說明：

莫師兄你好，在靈修的過程除了講天語，還有開天地文，都是有其作用，稟告仙佛做法會如普渡眾生，或放生，度化冤親債主嬰靈，祖先靈，都是必須要藉助神尊的幫忙，開天文地文度化，也會有白話文就是某神尊度化，要開多少張文也會告訴你，如何做處理的，做法會也是要用黃紙甚重稟報上天慈悲來做度化，才能夠成就功德事圓滿完成以上僅供參考。

黃師姐：

開文（寫文）是靈修者的必經學習之路，但文不是開多就好，靈若沒成長，文開再多也是寫一樣的事情，所以重點在於靈（人）得認真修行，有進步了下次開的文就會不一樣。再談天地文，並不是會開天地文就會渡化，同樣的，靈（人）得學習到功夫到位，學的是誰的旨令，要用誰的指法去渡化，指法打的出來，旨令才發的出去，並不是寫寫文就有用的，而且每個人領的使命不同，一人一科不盡相同，就像有的會看，有的會唱，有的會傳，所以真正的關頭還是在「用功」。

在此得強調一點，並不是會靈通的人就會渡化，同樣的，有領「渡」令的人才會渡（在此所說的渡是指能渡化無形界的如冤親債主等等）這就好像醫生一樣各有各的科別。

林師姐：

感恩黃師姊指導，就像你說個人領的旨令不一樣，當然做出來的法也是不一樣，功夫千變萬化，就像醫生一樣，什麼科就會什麼科目，婦產科，小兒科，骨科，美容，針灸，這些都是在幫助人的，會靈通也是，經過神尊的旨令辦事的，不可隨便，感恩分享。

以上針對開文幾位師兄姐意見，提供參考，其實靈修無形，自然自在就好。

3—3、靈療與療靈（一）—打坐與靈動的要訣

很多醫學技術和用藥都是經過多次臨床測試才會上市，當然醫生也是，除了醫學知識、疾病原理之外，實習是必然經過的階段，當然，沒有實際醫療經驗或實際從事醫療行為，來奢談醫術是紙上談兵，尤其是靈修中的靈療及療靈的運用。

「靈」真的是無形無質很難去描繪及說明，所以靈修講究的是「實證實修」，在靈療及療靈的部分更是要實修實證。之前有師兄質疑我文章落落長講一

堆，到底是不是真的會，其實修行要做到的除了「知行合一」還要「心口意合一」，自己說的道理要自己能夠做到才好說出口，這是修行最重要的守則。

靈療的部分，是指由靈來調整修正「身（體）」跟「心」的健康狀況，比較常見的會有兩種現象：

一種是自體靈療，這個部分是透過本靈或經由本靈感受神尊的引導對自身做療癒的動作，常見的就是在打坐過程中的「靈動」的機制來進行，所以進入打坐的狀態後，開始會有頸部轉動，側身彎腰，拉筋壓背，手臂轉動揮動，祂就是能動到你最關節痠痛的地方，就好像推拿師在幫你推拿一樣。

再來就是起來靈動，壓腳蹲坐，筋路的部分全部給你調整一次，甚至在靈動中透過打拳，跳舞，踏腳步來完成，這個過程好像是拜師學藝，起手、舞動、收手式禮節周到；除了學藝之外，一個作用就是靈療，一般師兄姐就認為只是靈動，動作也都很快做過，其實這個「學與療」之間的關鍵在於「動作要到位」，所以重點在「慢」，這也是打坐靈動的要訣，「慢則穩，穩則安」，「安穩則心定」。

其實動作會感覺快，一個是心躁，一個是動作沒到位，比如手伸展不夠長，該蹲的動作只做一半，腳步太小，所以有急的感覺，一定要提醒自己要「舒緩」要「慢」，這是靈動得要訣，去體會這個舒適。這是打坐靈療中的「動功」的部分，一般宮廟號稱的靈療大概都只做到這裡，帶領信眾靈動，讓靈自己去接觸。

再來自體靈療的部分要做的就是「心理方面的療癒」及「靈質的提升」，這兩部分是一般靈修的師兄姐比較難體會的部分，所以打坐中的「靜功」就非常重要，因為大家都在追求靈動、天語，做法會，很少願意靜靜坐下來做打坐的功夫。

其實靜下來以後，心理層面的問題會開始浮現，有的是不斷的「雜念」浮現，有的是過去式的問題勾出來，甚至在額前出現螢幕畫面，這個就是在調整在整理你處理不好，你積壓深層的傷痛，所以在打坐過程中常會不由自主的流眼淚，會鼻酸，會嘆息，會嚎哭，但是因為自己已經習慣於隱忍、積壓自己心理傷痛的處理方式，所以自己本身並沒有所謂的「病勢感」，不會有求救或治療的需求；但「靈」是誠實的，祂會自然反應你的心理狀況並做深層療癒的動作，所以在打坐中要學會放鬆，不要身心繃緊，處處防衛，打坐是讓你自己面對自己最好的時刻，要卸下面具做自己，感應到要哭就嚎啕大哭，要流淚就流淚，要跑要跳就盡情跑跳靈動，神明就是一部垃圾車，祂來把你積壓的垃圾帶走，所以在神尊面前就盡量把垃圾清出來。

那清理垃圾的最後一個動作就是「轉靈」，做清洗擦拭的動作，所以打坐中帶領「轉靈台」時要應盡可能放鬆配合，要嘔要吐要排盡量清除，轉完靈質提升就是一個新的自己，會很舒暢愉快的。這個部分就是人會「自我療癒」的系統。

除了自體靈療之外，另一個靈療的區塊就是「神尊靈療」，這個部分是透過外力來對自己身心做一個療癒的動作，這個動作通常透過修行可以接神尊的師兄姐來完成；有的師兄姐只領靈療的旨，所以對信眾的身心狀況有的透過眼通，有的透過心通感應，可以對身體疾病，心理壓力傷痛療若指掌，並可以因病開方，或做肢體上的筋絡推拿來醫治，很多師兄姐並沒有受過這些技術的訓練，但是就能夠接收這些醫治的手法的動作，而且是步步到位，令人匪夷所思。這是做靈療師兄姐透過接收神尊訊息所做的靈療。

而一般有靈療能力或這種體質的人，常會從事的行業也大都是與這種技術有關的行業，如民俗醫療、經絡推拿、按摩、美體美容等等行業，但有這種體質又從事這些行業，常常會吸納移轉客戶的負向能量，造成自己卡卡或身體不適而無法排除，所以常常也會因此走進修行的區塊，有的就是去神尊處請旨令，請神尊幫忙。其實如果養成打坐的習慣，每天收工或感覺疲累異樣的時候就打坐一下，自然可以將負向能排出，這就回到自體療癒的部分。

那有的師兄姐就會在宮廟幫信眾服務，當然就比較沒有問題。

那為什麼可以透過靈療對身心做療癒的動作？我們說我們身體是一個「和諧平衡」的智慧生命體，每個臟器都有設定的營養能量供應量，那會出現問題不外乎供給過剩跟缺乏，除了外力造成損壞，通常就是供需失衡所產生，所以靈療的作用是透過喚醒知覺去做補充能量或移除的動作，以達到氣血平衡，養分充足的作用，所以外面一般可見到的靈療義診大都是以打通「氣脈」，「加持能量」的方式來做。打通氣脈是為了讓運輸能量的通路順暢，加持則是補充能量。但是真正靈療師除了查病症透過打通氣脈及加持能量讓身心和諧以外，也會透過診斷病因再加上食物及藥物方面的補充。

一般會做靈療的靈，他的無形師尊系統，通常是觀音系統及神農系統的神尊，常常我自己在靈動中自體醫療，感受到很強的動力，也會不知道是哪尊神尊的靈來幫忙，呵呵。

3－4、靈療與療靈（二）—「體壓靈」的現象要修心養靈以療靈

靈療主要是以靈來對身心做調節修正的動作。療靈則要進入本靈自療與神尊靈來對本靈靈體做修復的動作。那為什麼需要「療靈」？靈會受傷嗎？

靈受傷就類似記憶體「壞軌」的狀況，會造成無法寫入或讀取的現象，所以一般嚴重的精神疾病，大都是靈已經嚴重受傷的現象，導致無法正常運作；另有一種現象，則是對於某事某物會有莫名奇妙的懼怕，就好像壞軌在某一段會一直重複或卡住一樣，這也是靈受傷的現象。

靈受傷通常來自於外力的破壞以及本身積累的壓力所致，如某世或今生被某人欺負或傷害的很嚴重，轉世後靈留存的記憶刻痕會出現壞軌的現象，當靈遇到傷害自己的靈，或是相同被傷害的模式，就出現莫名奇妙閃躲退避。所以很多催眠師會利用前世今生做一個療癒，原因在此。而壓力則是造成自身障礙的主要原因，不管是身心還是靈都一樣。

一般提到靈療大都以靈來療癒身心為主，當然療癒的部份可以稱為自身的免疫系統的自我療癒的功用，但實則是把身體中的能量做一個平衡的校正，只要肯靜下心來，這種自我療癒的功能就可以啟動，並不必然需要很深的修為，靜坐下

來就可以啟動，自體的靈就會去調整這個平衡，尤其初學者會更明顯。

至於靈體的療癒則是比較難以說明，要檢視則須透過身心是否平衡運作來觀察，正常的靈是順暢運行的，當被傷害或壓力持續存在，則會造成破壞，導致靈的運作失衡，所以要「療靈」主要在於找回靈與身心的平衡。

在療靈方面，靈體的療癒一方面當然要靠更高的靈來處理，所以神尊的正能量的加持灌注很重要，這方面還是要回到靜心打坐上，由靈去接收神尊能量做修復調整。

這個靜下來接收的動作有清汙及補充正能量的效果，這就像一盆汙水要把它換到清澈，如果可以整盆汙水拿起來倒掉當然是最好，但如果太大盆或像人體一樣無法用倒的，那就必須用清水一直灌注，讓他「溢流」，逐漸把髒汙排掉，直到水清澈為止，這就是為什麼打坐或接觸到神明，常會不自主的流淚、流鼻水、打哈欠、打嗝的現象一樣，這個就是正能量進來，逐漸把負能量排出的現象。就像清水進來，髒汙隨著溢流的水流出，慢慢身體就會清澈，靈就會舒暢。這是神尊做靈體療癒的過程，當然不只是排汙，還是修復劑，法寶法器的給予與教導、練習運用，也都會在療癒的過程中一併完成。

至於自體修復靈體的現象，則要依賴身心的共同作用，所以說「以靈帶心，以心養靈」，要怎麼養靈？一個是減輕壓力，我們說「靈逼體」是因為「靈強身弱」，產生身心方面出現失衡或者壓力、病痛的現象，這就像自來水水龍頭打開，但是卻把水管堵住，不讓水流出，那水管這個體承受的壓力就越來越大，甚至爆管。而反過來如果是「身強靈弱」的現象，我們稱他為「體壓靈」好了，如此則靈無法作用的壓力也會出現，產生傷害，所以「療靈」一樣要身心靈平衡，其實「靈逼體」「體壓靈」是一體兩面，只要接觸或進入修行就會緩解並自行療癒。不會牽涉到因果／祖先或是無形討報的問題。

那療靈方面另一個很重要的就是身心配合的部份，這就是要多方的嚐試去體驗去經歷。通常我們會害怕都是因為不會、不熟、不理解、沒經驗、能力不足，那要克服這個現象就是多學多做多接觸，慢慢就會駕輕就熟，熟悉了自然不會擔心害怕了。

所以如果天生害怕昆蟲，只要多接觸多了解，補充經驗，慢慢這能量就能把「壞軌」修復，害怕的事就要多接觸多做，害怕的人也是多接觸多熟悉，去發現原來這人並沒有這麼可怕，以新的經歷去改變調整舊經驗，這方面當然就是去補充正能量；所以要「修復靈」的最好方式就是多接觸並熟悉「美好」的人事物，用美好及良善把自己的經歷更新，把質量提升，達到撫平、修復把舊經驗覆蓋或更新的「療靈」的效果。

舊的不好的經驗就好像是病毒，新的程式就只要加裝掃毒及修復軟體就可以了。這就是靈為什麼要累世修行來經歷體驗人生的要義了。

至於一般靈逼體或靈體病的處理，如果是外力破壞所致，當然要去除外力因素，必要時運用祭解、渡化、收服等方式還是需請神尊幫忙。但自體的靈體病通常在靈修過程中可以自我療癒；而靈逼體，體壓靈的現象則因為是身心靈的不協調所致，很多都是靈要修但體不知或不願意修所致，所以要療靈的首要，就是要「調心」讓身心靈平衡，「調心」要從「養心」做起，解除心的壓力與害怕的根源，去了解所遇到的人事物及所發生的物事的原因及原理原則，這樣才能確實「療靈」。

很多團體或宮廟只停留在靈療的階段，所以只能要信眾與神尊接觸，多靈動，但對於對宗教神尊或靈修接觸有「心理障礙」的信眾則束手無策，因為靈要動，體排斥，所有打坐靈動的效用沒辦法發揮，就又回到用恫嚇利誘的方式（會變神經病啦，會事業家庭不順啦等有的沒的），更造成身心的排斥。

對於這方面療靈的處理，則要回到從養心修心開始，所以對修行的認知要重新建立，去做原理原則的認知教育，把抗性排除，把心柔軟，用良善美好的經驗值來修復並提升靈質。

3－5、打破啟靈與點靈（尋找靈主）的執著（一）——「修心」與「修靈」的認知

「啟靈」只是靈修過程的一個環扣，這個環扣就像是喝罐裝或瓶裝飲料的打開瓶蓋的這個動作而已，它只是讓你的靈覺醒，能夠開始清楚與靈源神尊明確接觸，然後察覺自己靈體狀況，願意進入靈修的歷程。

修行的目的並不是為了「啟靈」，也不是為了「通靈」，修行是為了讓你明確自己的人生方向，不管是在人世間，對於日常生活的生命歷程，或是靈在生命歷程中學習成長的方向。啟靈和通靈也都只是一個過程，啟靈以後要做什麼？通靈以後要做什麼？願不願意去做才是重點。

啟靈是讓靈覺醒開始與靈所來處的神尊接觸，然後漸漸明白「人」未來的歸處，也就是明白靈（也就是人）將何去何從，我們說「心情，心情」，我們知道心是有情的，有情就會為情所動，所以有動心或心動的狀況，這是「人」七情六慾的展現，這是屬於「心」的活動，是「情跟欲」的運作，所以「修心」是要修什麼，就是要修調節「情跟欲」交互運作的力量，這是一種節制的動作，甚至是去平息「情跟欲」的運作，所以「心經」跟「清淨經」講述的，就是要讓人了解「心的作用的現象」，然後去掉心的作用，讓人不會思緒翻攪，讓人清楚知道「情欲」不是真實存在的現象；才能靜下心來好好修行，不會被外界情欲所「迷」。

但是情欲是與生俱來的，它就是人生的考題，人出生「本心」是清靜的，情欲是蟄伏的，但在人生過程當中，情欲漸漸被挑起釋放，於是就迷失了「本心」，沉迷於人世間的情欲遊戲，過度放縱情欲則造成身心靈的傷害，所以修行是修一個「情欲」的合度有節，這是「人」修行的要求的境界，也就是「道德」的範疇，更高要求的人則是要將情欲修回到原來蟄伏不運作的狀態，甚至將情欲化為無形，這才是「靈」修行要求的狀態。

「心」是人出生後才開始運作的「感覺的工具」，是情感的運作模式，是人「感性」的發源所在，所以修心是節制情欲要求的機制。那真正讓自己能夠清楚「情欲的本來面目」及「如何調節情欲運作」的系統是什麼？

那就是「靈」的作用，「靈」算是中央標準局的一個度量衡檢測的標準所在，它是人「理性」的發源所在，所以為什麼要「修靈」，修靈是為了要得「智慧」，是為了要讓人清楚「情欲的狀態」，如何起？如何落？本來面目是怎樣？學會如何控制情欲的起落？學會看懂情欲的存在狀況及情欲如何將人陷於「迷」中？學會如何脫離這個人生迷宮？

如果在迷宮中衝衝撞撞要走出迷宮比較難，唯有跳脫迷宮的範圍才能看清迷宮，脫離迷宮；「啟靈」就是讓你開始察覺你是在迷宮中的一個啟動裝置，啟靈以後的修行及跟神尊的接觸，就好像啟動「求救系統」，知道自己陷於迷宮了，然後開始打信號求救（像ET一樣），不斷的發波，不斷的訓練自己脫離迷宮困境的能力。

神尊就好像空中救難大隊，收到信息後開始安排搜救派遣的工作，最後派出海鷗救難隊的直升機，不管是人員降落或垂掛的方式，就是要把你救出來，但是如果你早就耗盡體力了，連繩子都沒辦法接，直升機又沒辦法降落時，那就很麻煩了，所以修行只是保持並提升自己能量，讓自己訊號清楚明確，以備救難人員來時可以配合搜救，甚至有機會自己就可以找到出路，自己脫困而已。

所以啟靈只是靈修中的一個環扣，這個環扣的打開，有時候是自己靜修下來蓄積的力量所致，有時候則是來自神尊給予補充能量後所打開。啟靈就好像喝汽水打開瓶蓋或拉環，自己能量衝破或神尊加強能量來打開，我們稱為自發性啟靈，這個就好像自己想要喝汽水了或清楚知道要買汽水來喝了，所以把瓶蓋打開，就是要喝了，知道要做什麼了，可以享受它的滋味，知道它的感覺。

還有一種啟靈是人為啟靈，就是一直有人告訴你你可以喝汽水了，你應該要喝汽水了，來，我幫你把汽水打開，那慘了，因為你都還不知道要喝汽水還是可樂，也不知道汽水好不好喝，結果汽水開了一直放在哪裡，等到你想要喝的時候，不冰了，沒氣了，味道就很怪；還有可能就是你想喝可口可樂，結果給你青草茶，就影響你喝汽水的樂趣，就好像說你要修行，你總覺得不對味，到底是不是你要的，那就更迷網了。

還有人為啟靈就好像你才十四歲，然後叫你做成年禮，告訴你你已經成年了，可以作成年人的工作了，結果駕照也不能考，也不能上大學，此時你就更迷惑了，叫你去工作，結果只能做童工，又沒有勞動基準法的知識，結果被壓榨，被欺負，卻不知也不會運用保護機制，結果就受傷害了，要叫你再進入修行，已經有陰影了，這都影響修行的進程。就好像救難直升機還沒到，就叫你攀爬碰撞，結果直升機到了，你又遲疑了一樣。

所以還是建議進入靈修的師兄姐，不要急於啟靈，當你對修行還一知半解的時候就將你啟靈，是一個不負責任也非常危險的事，一個你歷練不足，沒辦法判斷自己所接觸的靈來意善否？一個還未學會自我保護機制，再來是本身能量不具足，沒能力對抗，什麼都還要依賴監護人（幫你啟靈的人），先天靈修的靈還是會惶恐的，對處處要依賴它人也是讓靈相當不愉快的，所以先要靜下來，「修心」「修靈」，把自己能量俱足，我們說好像7－11點數兌換贈品，多少點數換怎樣的贈品是一定的，點數不夠時強求就是要補貼現金，是否有必要？所以當你打坐點數足夠，能量足了，就會自然啟靈的，這個啟靈後的靈是穩定的，能量足的，不會遲疑的，能自我保護的。

所以修行要保持單純的心境，不要求快要求穩，不要求神力要求自我的能量的累積，啟靈是水到渠成的。而且越單純，越沒有自我意識的想法，越沒受到人為想法的侷限時，在接收訊息時會越自然越清楚。

本文發表在媒體有配合兩段影片（可參考FB社團文章），記錄了兩個年輕的師兄在這邊打作的過程，從單純打坐到自發性啟靈，靈動，開口說靈語的歷程，沒有人為的教導，一切由神尊來教導。來宮打坐時間是九月中開始，每星期來一次，兩位師兄以前都沒接觸過宮廟活動，也沒有打坐經驗，完全是一張白紙，人又單純，思想成熟善良，他們身上有刺青是因為他妹妹從事刺青的工作，所以配合做人體展示。

會來宮打坐的因緣是來問事解惑，固定來宮打坐的時間不到兩個月，但不到一個月就啟靈靈動了，不用人為啟靈，也不必認主會五母，你的靈緣神尊（主神）一直都在，靈師也一直都在，隨時準備保護你，教你，所以靈修不必刻意，自然最重要，你點主認主在過程中自然會知道，還是一句，不要刻意，不要太多人為想法做法。

3-6、打破啟靈與點靈（尋找靈主）的執著（二）
─「人修還是靈修」回歸本來面目快樂修行

上回提到「啟靈」「通靈」都只是一個過程，真正要了解的是「啟靈以後」跟「通靈以後」你要做什麼？這個才是重點，要去清楚這個部分，後面要去做的部分才是「道心」的所在，你的「願」在哪？你的「道心」就在哪？而不是只是信，信只是讓你願意跟著走，但是走到哪，就是你的「願」的問題，「願」才是你修的方向的指標。

所以你的「願」很重要，願就是你的「要」，你要達到怎樣的目標，會影響你要做的什麼樣的動作，你是要修神力，你是要修心性，則追求跟從事的做為會不一樣。

修靈要先修心，這是靈修的基本，也是我在靈修中一直強調的，往內調整自己的做法，只要你把心美好起來，靈就跟著感受美好的感覺，如果心受傷了，靈也會跟著受傷；但是靈還有祂的醫生，祂會接收神尊的智慧能量來修復靈體，進而把心修復，而修心所帶來的美好正向的能量也可以把自己心跟靈修復，這是人身心靈跟神尊的互動模式。

所以說「療靈」是要雙管齊下，一個是從內在心理做療癒，一個是從外在神尊處獲取能量療癒，靈有所滯礙帶不動，通常都是心有千千結，所以療靈也要先把心結打開，這樣才能完成身心靈的美好。

至於靈修是不是要先「點靈」，其實「點靈」也只是一個過程，這個過程可以透過「通靈人」告知，或是有「點靈」任務的人告知，其實都是要透過靈界告知，但是有一個現象很重要，就是雖然點靈了也幾乎可以確認了，但是為什麼還是修不好，這就相關於你「信」的程度有多少了。為什麼會產生這種現象？就是不夠相信而已。

所以靈修不是啟靈、點靈就好了，啟靈、點靈了你自己是否相信？所以重要的是「信」「願」要建立起來，在建立「信」「願」的考驗過程都沒有經歷過，在確立「行」的方式與能量的過程都沒有時，怎麼能讓人相信且去做。

有的人很害怕做錯，其實做錯了只是在建立你往對的方向走的指標，只有一步一步的調整，才能往正確方向靠攏，才能讓「心」篤定，「心定於一」時，自信心才是足夠的。

為什麼很多事情你會做不好，原因只有三個不夠：一個是不夠了解，一個是不夠相信，一個是不夠想要。所以修行的整個過程只是在確立這三個方向，這三個方向沒有確立，你啟靈、點靈都只是「動作」而已，祂的作用沒辦法發揮。反而產生妨害，因為不知道到底要做什麼？所以點靈不是點一點就好，如何帶領靈去走正確的方向才是重點。就像啟靈一樣，自發性啟靈的就很穩定，因為它自然蓄足能量，自己主神也很明確接觸。

說到這個，那就要問到底需不需要先點靈？如果修行已經很明確穩定了，那點靈無妨，如果都還不知道為什麼修行？怎麼修行的人，你點靈做什麼？點了你就相信嗎？很多來這邊問靈主是誰的師兄姐，神尊還是不願意跟他說，為什麼？你自己都還三心二意，也到處問了，那還來問，為什麼不把自己的心定下來先內修，把人穩定了再說，一來說了你沒辦法辨識，二來說了你又落了執著，三來跟之前說的不同時，只是增加自己的混亂。

所以通常神尊會要你定心增強自己能量，打坐點數夠了，能量增強了，知道修行的方向了，要你去那座宮廟找那位神尊感應，你才有能力去確認啊，到底是靈源系統，還是自己主神的感應，你才能清楚，也就不會半信半疑了，啟靈點靈是為了修好自己，不是只為了要知道。

那不知道靈主是誰可不可以修？以我個人經驗，靈主一直都在，只是你沒有能力辨識接觸而已，祂們都在，你開始要修了，祂們就陸陸續續來教你，與你互動，祂們的任務就是保護你，教你，讓你清楚知道自己修行的任務跟找到回到靈源處的路。

有人質疑，神尊是不是整天閒閒等人呼請跟招喚，可以明確告訴你，你的主神跟無形神尊就是閒閒等著跟你接觸，因為這是他們的工作，那會閒閒就關係著能力跟經驗的問題，以修車為例，老師父可能聽引擎聲，聽你講述狀況，就知道問題出在哪？怎麼修復？那新手呢？檢查了老半天還是莫宰羊。所以會不會閒閒是能力經驗問題，你不用懷疑神尊閒閒的能力，因為祂已經累世經歷過你現在的經歷，也累積足夠處理你的問題的經驗與智慧。

就像業務人員處理客戶反對意見一樣，經理跟主任跟業務員處理的方式，時間一定不同，因為神明的位階跟權限是超越許多的。

以我個人而言，就沒有所謂「點主」的問題，只要一打坐就跳舞，跳了半年多也不知道是哪位神尊來教，就知道跳舞完非常舒服，肢體也柔軟了，心態也柔軟了，後來又接玄天上帝的動作，那種氣勢與力道，截然不同的感受，那就是讓你知道柔剛轉換的原理，所以這就來教你剛柔並濟的道理，這就是靈動的作用，調整身體也調整心理，很多初接觸靈修打坐的師兄姐一定有這種體驗，就是打坐初期的靈動都在調整筋骨，釋放身體的壓力，尤其是肩頸四肢的筋骨調整更是明顯。

靈語也是一樣，講話是一種情緒表達，也是一種釋放壓力的方式，當你有事要講要報告，卻被長官禁止言語，憋久了會不會造成心理緊繃？這是一樣的道理，所以當動時要動，當講時要講，靈修不是練忍功，而是找出最適當的解決問題的方法跟時機，所以靈修的靈語跟靈動是一種表達，也是一種學習，而不是借以展現自己能跟神尊接觸是有多厲害，在靈動靈語中去體悟，一種舒緩和諧的感覺，去體悟神尊要教給你的智慧。

所以不管靈動、靈語、開文什麼的，都是「靈與神尊互動」自然的呈現，就像在學校有體育活動，有演說有作文一樣，自然互動就好，不必強求也不必排斥，有排課就上課，翹課要請假要補課，會了要練習，神尊也不會強迫你上課，該靜下來修心時自然就有靜心的課，也不會刻意把體育課拿來上國文英文，所以自然自在是靈修的一個很重要的準則，放輕鬆放自然是很重要的概念。

靈修不是人做學問研究來的知識，祂是一門實地操作體驗得來的感受，我只是記錄這個感受，分享給要進靈修的師兄姐做一個參考，然後可以避開不必要的陷阱，讓修行變簡單變得很快樂。

第四章

解業力在善對應緣人緣靈

4—1、惡緣善解，了卻因果
—修行人對「緣分」不請自來的看待

很多人都會說，人的相聚都有其因果，為什麼今生會「因緣聚會」？是要還願還是要討報？人習慣將事情用簡單的「二分法」將他歸類，所以評斷人事物的是非、善惡、黑白、對錯，都是偷懶的用簡單的二分法來看待，用很簡便的方式貼上「標籤」，他是好人，他是壞人，這是正緣，這是孽緣，等到有一天，發覺壞人做了好事，好人做了壞事，然後再簡單的將好人壞人的概念做一個「認知」上的轉換，這是一般人的概念。

所以緣分也被人分正緣、孽緣，其實會去「分別」是「人」的特殊現像，是為了「教育」，為了方便認知，所以去做分別。但是人就窮忙，教育了如何去分別善惡、好壞、正逆，然後再告訴你，人要修不能有「分別心」。

就像一個圓，把它切割開了，成了各種形狀，然後告訴你，要把它當成一個圓看，不能只看重某個部分，你就當初不要動它就好了咩，所以現在就要教修行人學會「還圓」，還圓講比較深奧的就稱為「復古收圓」，本來事情就是事情，你把它分解處理了，最重要的是你還要有本事把它還原，所以分解只是為了處理上的方便，方便教導認知，分解了還要會還原，所以概念上是只有一個完整的「一」的概念，就是一個完整全面的一個事物的全貌而已。

所以不管太極是兩儀／四相／八卦／六十四卦／三百八十四爻……，不管怎樣變化，基本上它就只是一個「太極」，更極致的話，也終將歸屬於一個「無極」之境。所以所有人、事、物、情，本來就是一體，你要回到一體去看，多面相去了解，你才有辦法窺得全貌，就是要回歸一個圓，用圓用滿的方式去處理，不能站在單一面相的角度去處理問題，處理所有人事物情都是一樣，不要落入單純二分法的好壞、是非、對錯的思維去解決問題，那是永遠處理不好的。

緣分也是，不是單純正緣、孽緣，遇到了沒有辦法處理的事情，遇到了沒有辦法相處的人，留不住自己想要的人、事、物，推不掉自己不想要的愛、恨、情、仇，就統統丟給「緣分」去承擔，緣分何其無辜？好的事情來了歡歡喜喜，不好的事情來了愁眉苦臉，遇到了沒能力解決，丟一句「隨緣」，就什麼都不用做，就讓它過了，這不是隨緣啊，而是推卸責任。

人來到世上，到底是要修什麼都放下嗎？還是什麼都不做？隨緣是隨順因緣，怎樣來怎樣對待，怎樣看待，依情依理，合道而行，該怎樣處理的就要怎樣處理，重點是要有先去處理，處理完了不管結果好壞，再放下它，這才是隨緣，而不是在哪邊看它來看它去，緣分它不會吃飽沒事來找你，來有來的緣，去有去的緣，好是緣，壞也是緣，正是緣，逆（孽）也是緣，好緣正緣是順風順水，學到的只是基本的功夫，惡緣孽緣算是驚濤駭浪，這才是真正要修行的所在。

修行不是都沒有事都不管事，而是修到會處理事，那才能真正的沒事。好的水手好的船長是會見風使舵，乘風破浪的，而不是一生都是無風無雨無浪的啊，那顯不出能力，造就不了人才的。

所以逆緣、孽緣才是你真正要學習的課題，才是你的考驗，才是真正要學會通過的關卡，你看過汽車考照只要一路直直駛的嗎？還沒聽過汽車考照不用考路邊停車，倒車入庫的，所有的關卡，不順遂的經歷，其實它就是考試的一個完整的流程而已。

緣分就是緣份，不會不請自來，來必有因，所以沒有好壞順逆，來了就是要你好好面對學習而已，用一個必然要過的心去面對，只是一個必然經歷的過程，用開心接受的心態去處理，用一個「圓」的觀點去面對，就不會生憎恨哀怒的心，而它也必然會過，必然可以過。

來討報是一個緣，來還願也是一個緣，來有來的緣，去有去的緣，它就是一個必然，用歡喜心面對，用智慧去處理，冤親債主來了，不用閃躲，今生不還，來世還是會相遇，欠債還錢是天經地義的事，面對了，處理好了，因果了結，就是轉惡為善。

所以惡緣善解是了卻因果最好的處理方式，面對它，接受它，處理它，今生無冤結，來世無業力。

4－2、外靈佔體，外靈共修與修外靈

靈是無形質存在的狀態，要說靈修容易就很簡單，反正無形，就是接觸看看有什麼感受，要說難修也很難修，因為無形，只能自己覺知，也沒有評斷標準，要如何抉擇真的很難。

其實修行就像談戀愛一樣，有的人只是欲望，有的人是希望佔有對方，有的人就一直付出關懷對方，每個人感受到愛的狀態不一樣，對愛的需求也不一樣，有的人感受不到愛，卻也一直跟對方相處下來，原因無他，每個人的滿足點不同，但是對愛都有需求有憧憬。

愛的評斷一樣會有普世標準，會有潛規則。宗教修行就是這樣，有的人跟神

尊白頭偕老，有的人一直轉換教派，接觸不同宗教法門，有的人有所得，有的人則空入寶山。

靈修更是像戀愛，沒有規則，沒有標準流程，沒有標準答案，只有如人飲水，只有心力投入，沒有失戀過無法感受心痛，沒有被外遇或被劈腿，就沒辦法感受心酸苦楚，也就無法也沒有機會處理失戀和被劈腿的心情。但處理過的心情也只是經驗值，也沒辦法保證不會再失戀或被外遇劈腿。

所以靈修必須要了解靈修的意義，修只是要把自己靈質提升，提升的方式就是學會正向處理負面情緒，當負面情緒都沒有了，那就是離苦得樂，一個天堂的境界了。所以靈修就透過無形精神層面的轉換，建立讓心靈當下接受並轉化痛苦為快樂的能力，這是修行的真實意義，是建立處理痛苦獲得快樂的機制。

那靈修到底要怎樣修？之前一直強調，靈修是修自己，因為感受只有自己能查覺認知，別人是無法取代你去認知，高興是自己，痛苦心酸也是自己的，別人吃飯你是沒辦法飽的，所以靈修的狀態只有一種，就是修自己的靈，提升自己的靈質。

那有所謂外靈共修的部分？何謂外靈？「外」是因為有相對的「內」，也就是「自己」而產生；我們修是修自己的靈，也就是「本靈（或稱自體靈、自性靈）」，我們所說的自己，是我們認定是「自己人」是跟我們有「一體」的認知狀態，所以自體還包括靈源神尊以及自己的無形師，基本上是親近且善意幫助我們的修行，與我是有「一體」的認知的靈。

如此則外靈比較容易認定，基本上不是我們「本靈」及靈源神尊或無形師的部份我們稱之為外靈；所以本靈（自體靈）與靈源神尊，無形師相處是和諧愉快，靈質提升的，可以稱是「我們」。

而外靈因為跟我們沒有「一體」的相同理念認知，所以會有不適或格格不入的現象，會產生心理上排斥抗拒的現象，甚至因為不能和諧而導致身心疾病狀態，所以與非善意的外靈接觸是很容易感知的。就像紙盒與內裝物規格不符，會產生紙盒變形，或是像拿到別人鞋子尺寸不合的不舒服跟痛苦的感覺一樣。

所以我們說靈修只有「修自己」一種狀態，所謂外靈佔體，外靈共修都不是靈修的狀態，都算是一個異常的現象。外靈可簡單區分為求救求渡、附體干擾、以及業力討報、因緣沖煞等無形眾生的外靈；而通常會提到「共修、佔體」的大都是相對較低靈質的無形眾生外靈。因為低才會要攀附或依賴其他靈體來修。如果是神尊，就是人想要去依附祂了，目的也是人想要修自己，神尊不需要來佔你的體或依附你來修行的。

「外靈佔體」就好像公司事業體的經營權被強佔一樣，比如我們的身心是一個事業體一家公司，本來都是自己人在經營，有天不幸遇到金融風暴或政治事件，如果公司體質不佳，別人就可能趁機介入，主導權及經營權就可能會被佔走，而且佔了也不願意歸還一樣，這現象很容易出現在人的車禍意外，情感打擊等本靈（自體靈）受傷或出竅的狀態下，如果沒有馬上處理，很可能身心經營權就沒辦法拿回來，而是由外靈在佔用了，變成另一個靈是主體，在外人來看，則好像忽然變了一個人一樣。

而所謂的「外靈共修」，則只是外靈想依附人來修行，因為靈是無體的，「無法實際感應而修行」，所以想修的靈會想辦法求救或依存在有修行體質的人身上，因為眾生外靈也想提升自己。

會發生這種情形，一般比較會發生在有敏感靈體體質的人身上，通常只是要來求救接觸，但如果此時氣運較低或靈質較弱又沒有即時處理的時候，很容易就依存下來，名為共修，實則吸取你的能量，所以被外靈依附共修的人，就會有經常性的疲累、莫名的痠痛（包裝不符會有壓迫的現象）或某一時段外靈旺盛活動時，會有無法自己控制自己言行的感覺，而是感受到受外靈控制。

那你本身靈體會越來越弱，外靈則越來越強，最後也會形成「外靈佔體」的現象。這現象就像事業體被外靈要求佔「乾股」，（非自願性讓出股份）除非事業體結束，或經營者變強勢，不然就是外靈自己弱掉，不然不容易排除。

像這種外靈佔體現象，通常只是自體本靈與外靈之間能量「強弱的消長」現象而已，請宮廟神尊處理等於是看醫生，醫生也有行跟不行的區別，上錯醫院、掛錯科或找到密醫就更麻煩，所以要處理最好的方式就是「自體靈療」，多打坐多接觸正能量，而不是「制改」（祭解）或是「辦法會超渡」，只要提升自己能量，本靈會自己排除，外靈也是會自己求去的。

至於「修外靈」的狀況，有點像是外靈要來共修的現像，只是角色互換，外靈共修是外靈強勢介入自體。而修外靈則是換自體身心想依附外靈（非本靈靈源神尊或是無形眾生），就好像事業體不會經營或是技術不足，去要求有技術或經營能力的人參與股份，成為「技術股」一樣，以技術或能力參與經營換取股份成為股東。

這現象對原先經營者是處在不利的地位，因為技術是在外靈體上，實際經營控制落在外靈主導，自己是無法決策的，只能看外靈臉色，努力工作獲利成長分配是外靈在分配，那是相當不穩定的狀態。

那修外靈因為外靈的能量比較強，所以相對的對自體身心是一種負荷，這就是一般在宮廟或靈山常見的修外靈現象，神尊或眾生外靈退駕後自體是虛弱的，而因自體是樂於開放給外靈參與，若沒辦法分辨神尊或眾生，其他外靈也容易見獵心喜，就會比較容易卡到其他外靈，所以保護措施必須做好，那最好就是本靈也要修練繼續增強能量。

所以處理外靈的最好的狀況就是增強自己能量跟能力。

4—3、心魔是心的「認知功能」障礙

—培養正向解讀負面事件的能力，以神為依歸

要了解心魔就要認知什麼是魔？其實「魔」只是一種障礙，所以稱為魔障魔障，既然是一種障礙，就能夠把他排除，不管是人造或天設，即使是天險也是有辦法越過，就像拿破崙越過阿爾卑斯山攻打匈牙利一樣，就像有人攀登埃佛勒斯峰（聖母峰）一樣，端看有沒有決心要去做。要去做就會去了解去並找到方法去做。

那魔障產生的狀況是什麼？一個是新的概念進不去，一個是舊的思維出不

來，或是直接卡在障礙上，形成思維觀念沒有辦法替換，造成停擺的現象。

當過兵的朋友都知道，新兵課程有一個五百公尺障礙的項目，包括爬竿，獨木橋，高牆，沙坑，低絆網等項目，結訓時還要加上實彈機關槍射擊的震撼教育，那這些障礙的通過還要有時間的限制，通常較多人就卡在爬竿跟高牆，那要一直卡在哪裡嗎？還是到底要怎麼過障礙？就只有學習技巧跟練習練習再練習，技巧的話有教育班長、排長會教，再來就是克服心理害怕跟拿掉過不了的恐懼感，剩下的就是練習了。

那為什麼要設這些障礙，當然是要鍛鍊你的體能、技巧，還有你的心理抗壓的能力跟反應，這是要在戰場上生存下來的基本技能，訓練只是讓你熟悉而已，熟悉到能夠自然反應時，你就能輕鬆通過，自在生存，同時也具備教導他人的能力了。所以心魔的障礙作用是什麼？去了解作用去接受它，承認它的存在，你就能面對處理它。

那心魔與外魔的狀況有些不同，但原因很類近。外魔的產生是對於外界所給予的試煉產生的畏懼，或是對於無形界眾生所做的阻攔有所恐懼，認為這是一種破壞或阻擋，是超越自己能力所能處理的，所以就讓自己變的裹足不前，甚至讓自己完全沒有信心，所有的思維行止都卡在這個障礙裡面出不來，就真的成為一種障礙。只能去改變認知的思維、想法，去面對才有辦法。

至於心魔的產生則比較屬於內在觀念思維的問題，還有跟自我解決問題能力的不足有關。通常都是因為跟原先「自我設定」的認知（舊觀念或看法）方式不同卻又沒辦法及時調整去突破而產生。

因為是「心」魔嘛，而就我們所知「心」也只是一個意象，是用一個意念的空間存在，也是沒有實體形質存在的，所以為什麼「心經」講的是一個「無」的境界，心的意象在思維結束後會歸於無，你只能存檔做經驗智慧，卻沒辦法做標本起來供人觀賞；所以心的障礙是一種「魔」的形態，它也是無形無質的，是心的幻化，你同意它存在時它就存在，所以這個概念很重要喔，心的魔是因為「心」的存在而存在，當你的心不在時它就不在了，當你認知這個狀態時，你就能實質去處理魔的概念了。因為心魔不是外在障礙，不是無形眾生的障礙，因為無形眾生透過神尊即可處理，但是心魔則需要用心來對治，要醫心。

醫心要怎麼醫？通常我們對事情會產生困難或厭惡的感覺，主要是來自於對這些事情的不熟悉不理解，也就是對事物的理解度不夠，再來就是我們缺乏解決此種事情的能力，也就是能力不足，再來就是我們對所知事物的觀念思維的執著，沒有「更新」的認知和能力。

通常我們對於手機、電腦的程式都有更新的認同，程式也會自行提醒需要做更新的動作，唯獨我們的「心」對於自己的思維觀念跟行事作風卻相當執著，若沒有相當外界事物的撞擊力過來，很少會主動做更新的動作，甚至是排斥去做「更新」的，所以人的思維會變慢或是「當機」「病毒感染」的現象就會經常性發生。

人為什麼會憂鬱會躁鬱？當機了啊，被病毒感染了啊，就在同一些事情處理上卡住了，或一直在小範圍內重複循環。所以「心魔」是什麼狀態？它只是所謂「壞軌」或「病毒感染」的狀態，只是沒有辦法做新的動作或再往前運作而已。只要把壞軌跟病毒移除就可以了。

說「壞軌」或「病毒感染」你會覺得很容易處理，說是「心魔」你就會陷入深淵，因為心捉摸不定很難抓，因為心沒有固定軌跡可尋，所以要醫心沒有方法，只有「心法」，心法是思維觀念的調整，是對概念看法的通盤檢討，而不是單一事件的討論。

心魔的產生大多是對於已發生的現象不願意去接受，甚至去抗拒，也包括各種不愉快事件的打擊，包括對種種外在現象的認定的執著，這些事件影響到「心的認知跟運轉」的能力，就像一根釘子打進腦海，並在裡面開始生鏽影響運轉一樣，越來越擴張越牢固，要拔掉很難。所以要處理就不能只針對釘子，連周邊都要慢慢消毒進去。

因此醫心就要從調整心態做起，調整心態要從思維觀念的認知重新教育，因此了解「著魔」的原因很重要，從這個地方重新灌注美好的思維方式，把舊有的概念取代掉，讓魔無從著力。有人說自己：已經走投無路。其實這種狀況只有兩條路——除了跳海、跳崖就是回頭，一般人都忘了有回頭路可以走，轉頭回來到起點，重新來過，有新路可以取代舊路，雖然耗時費力，但是是解決心魔的最好方法，讓心重新體認美好，讓神帶領。

所以練習重新認知我們所經歷的事物現象，用正向的態度去重新解讀，我們生活歷練過程所接收的事件觀念思維想法，很多時候我們都是只有接收卻沒經過思考，就像網路下載沒有防火牆一樣，尤其在感情方面的認知，所以不知不覺中就吸收很多似是而非的概念，變成生活中的習慣，也形成心的病毒，影響了我們的言行舉止而不自知，甚至接收進來後也拒絕更新，這就造成很多問題。

其實生活中不管「太極黑」「太極白」，它本來就是一個平衡的存在，黑白都有他要教育的意義，接收到黑的如何轉白，接收到白的如何維持它的白，培養「正向解讀負面事件」的能力，並維持自己應走的方向，黑白的存在才有意義，但是卻是我們生活中最缺乏訓練的。因為一般人就習慣用「白的一面」來教育，來要求自己跟別人，所以一旦與自己認知不同就進入自我混亂的狀態，心魔就出來了。

所以把心放軟，重新認知事物的價值，以神的思維模式，接受新的思為概念進來，把自己培養成可以隨時提昇的智慧生命體，生命是越過越好，越過越開闊越愉快，而不是越過越侷促越傷悲，所以如何判斷你的思維或言行舉止是否適合繼續，看自己的心就知道，要可以接受願意去調整，愉悅的提升就是神，會越過越好；痛苦的沉淪就是魔，會越過越糟糕，要往哪一個方向，只有自己能下定決心。

4－4、神魔的區別及靈修與代言人的不同的現象

在這邊我還是要強調，靈修是一種「自然法」，更是一種「無形法」，修行的心態，是要回歸「簡單自在」，心態越單純，越能與天地自然契合，修行的方式則以「修心養靈」以提升自我的靈的質與能量為目的。

因為靈是無形的，所以本質是無拘無束，是一個自在的狀態，如果你以有形的規矩儀式，或是任何有形體存在的物質要來度量或要求靈來依循，都將侷限靈的發展，讓靈產生不愉快不舒服，甚至厭惡，這都會影響甚至傷害到靈的狀態；此時靈會離開或是躲避甚至抵抗，但若是與自身靈意願相牴觸的狀況，時日一久，也會造成靈與身心的嚴重失衡，讓身心思維判斷受到干擾或造成身體上的病痛，進而影響人的運勢。這個現象也可以據以判斷自己所走修行的路線方向是否正確，以及判斷自己家中神尊是否正神在護佑。

之前提過靈是「借體修真」，所以不管是身體，神像，或任何用以顯現神靈能力的任何法器，他都只是一個器具，不能代表神靈的本來面目，就以神像而言，神像是一個體，就像是一間房子，什麼人都可以住進來，所以登記所有權很重要，所有權人入住或允許入住是一個被認可的動作，可以受到保護，但在產權未明或有糾紛的狀態下，則易生紛亂，所以像法拍屋常會聽到被破壞或是「海蟑螂」佔住要勒索強討搬遷費的現象。

所以光以神像入靈的動作而言，可能是神也可以是魔，這就要看「開光點眼」的人是否值得信任，是否正心正念；但是請神供奉的人不見得能知道是否是正神入靈來，就只能信任安神的人，通常都是虔心供奉。因為你信，所以不管是神是魔都能接收你的供養及能量，而神魔的區別，就在於「給」跟「要」之間的差別，神的「要」是合道的，來自於「給」的人的開心樂意且是能力所及，而重點在於「神祂是樂意且開心的回饋你的請求」，也就是「神」是「要與給」的平衡，甚至樂於給得更多，所以供奉的人是越來越豐厚，除了物質也給予心靈上的滿足，所處境地會覺得越來越順，身心都是健康愉快的，除非人貪心不足。

而魔呢？魔的狀態則是「要與給」的嚴重失衡，甚至只要不給或有強迫索討的現象，又沒有辦法給予心靈上的安定，所以供奉的人不論在錢財或運勢上都有逐漸走下坡的現象，甚至身心疾病因運而生，因為除了有形物質的損失，還會有本身無形能量元氣的流失現象；所以怎樣判斷家裡供奉神尊是否正神正駕？

看人的運勢就會知道，有在修行的人，本身的靈也會體認，會讓你身心出現特殊問題，或是靈本身讓你覺得格格不入或出現干擾的現象，這是生活上的判斷方式，更精確確認則需請老師或神尊處理，因為一般家神或私人宮廟的神尊神格位階或能量有限，被魔干擾有時難免，但是供奉的人若正心正念正行，一般還不至於招禍，所以簡單一點的神魔區別就是一個「慈善家跟流氓」給你的感覺，但真的有疑慮時不妨請老師驗證一下。

人的心念真得很重要，人心正念正，一般魔會誘惑不了你，通常也無法久留。心正神正，心有邪念則魔生，神魔互為消長，所以隨時「修心」是要隨時修正自己的心念，人間事、物、情，都是中性的，所有正向與否的操作都在於你一念之間。

那提到神，一般人是無法與神做溝通的，所以可以跟神溝通的人就讓人很敬仰，很多人也會想要修行達到能與神溝通的境地，但是這又有兩極的看法，有的人談到修行就害怕成為神尊的門人，這來自於對傳統宮廟乩童文化的排斥，有的則希望成為神尊的首選，事實上修行跟所謂「神的代言人」的遴選是不同的，沒有必然的相對應關係。

所以當有人提到你應該要修了，要跟神尊修了，大可不必認為就要做乩童或是一定要在宮廟幫忙做事，自己自在在跟神尊接觸，然後修正自己言行心念更趨於正向，更趨於簡單快樂就是了。

至於神尊的代言人怎樣區別，也是很多人搞不清楚的，乩童跳乩跟靈修靈動有什麼差別？不都是神尊的言行模式嗎？這也是一般非靈修系統的修行人常常在質疑的，尤其是有關「附身」這個部分，傳統的觀念就是神尊降駕，就是附身，那是因為分不清「乩童」「靈乩」跟「通靈」的區別，乩童跟靈乩大家比較常見，普遍還可以知道，通靈的代言人現象則是一般人比較不清楚。

我們說三者這都是神尊代言人，主要的區別在於人神接觸方式及神明「借體」程度的區分；用一個大家可能會比較清楚的比喻，我們說乩童代言就像「傳統布袋戲」，它必須整個人的手進去操作（降駕），是由人手來掌控，借體程度要到七～八分以上；靈乩就像是木偶戲，用繩子連接由神控制（介於靈與駕之間），借體程度可能只有二～三分，乩身靈活度比較高；通靈則好像是遙控器跟接收器，是頻率之間的相合而呈現動作出來，人與神可以不用體接觸，但要讓神尊降駕也行，靈修靈動的現象也大致是如此，並沒有降駕或附身的現象。

所以代言人與神尊之間接觸的靈活度是不同的，乩童大都只可接受單一神尊降駕，要換神尊則原來神駕需退駕再接，靈乩接駕也是單一，但轉換靈駕比乩童簡單，通靈人通常有主要神尊通靈接收，但也可以跟多尊神尊對談，也可以依辦事需求，接受不同神尊的指導。

那乩童是抓乩，其實靈乩跟通靈人也都有被神尊指定的現象，通常辦事都是本靈神尊來辦比較多，偶而也會其他神尊來配合，三種代言人都會有其代言人的體質，所以通常大都有與生俱來的體質現象，而不是因為修行而產生，所以很多靈乩或通靈人都是通靈之前就知道有這種體質現象，修行只是助他們加快速度及提升能力而已。藉由修行通靈，只是把能量開發出來而已。

很多靈修人的靈，其實只是來「清修」，顧好自己的身心體質，提升靈質而已，並不需要辦事或需要靈通，所以靈修到最後並不必定一定通靈，這是本身靈質及任務性的差別。

這跟人世間的做學問並不相同，人間學問可以去區分大學、高中、小學之類什麼的，但靈的學習及提升沒辦法分階段的，只有修到哪好像是那個程度，但每個人表現的現象是不一定一樣的，而且提升的時間也沒有一定，這跟累世修行累積下來的靈質不同有關，也因為每條靈的任務不同有關，你沒辦法去區分階段或是哪個階段是哪個現象，靈的自在沒辦法以人的概念去區分。

而且先天靈的修行就好像一部直達梯，依累世靈質跟任務的不同，會有不同的進步速度，甚至一路超越其他人，讓你沒辦法分階段，靈的成長不會因其他師兄姐進步與否或進入靈修的年資而受限，像之前在我宮裡辦事的師姐，她是來玉玄宮打坐三個多月就通靈了（有先天敏感體質），哪有什麼大中小學碩博士的問題，你有先天體質，神尊要用你，這就是了，你的靈的成長進步是三級跳的。

所以靈修應該放下自己修到什麼階段的分別心，放下求神通的念頭，而是修自己，讓自己身心靈進步，而成為神尊願意用的代言人的要求才是。要轉換求的方向，往內求而不是往外求。

還有師姐問靈逼體到底是本靈逼體？還是外靈逼體呢？

基本上靈逼體是因為本靈要做了，而體不動，才會出現自身逼體的狀況，如果是外靈的話，就是干擾或卡陰，或佔體，而不是逼體。所以「外靈共修」也是會呈現干擾現象，那「修外靈」的現象因為是雙方合意，所以比較不會產生干擾現象的感覺，但本靈成長會受限，靈跟體也會耗損。

至於本靈為何會逼迫自己呢？就是身心靈不協調，不合一的狀況所致，在「人間修行（一）」內有詳細說明，可以參考，而產生這種現象主要原因是「靈強身弱」，體的行動力差或不查覺，或不願意做而產生的現象，通常只要多接觸神尊或打坐都可以緩解或消除。

4－5、人間修行之要敢跟自己衝突

人間修行的第一冊，大多是一些靈修現象跟修行基本概念的說明，是一〇四～一〇五年前開宮以來跟師兄姐分享的靈修現象原理的說明。

人間修行的第二本是一〇五年跟一〇六年初的文章，已經進到修行理念的調整跟提升，之前說明人間太極跟無極道，把太極跟無極從高深的學理拉到可以實踐的人間修行來，所以「人間修行」的概念的闡述也在第二本裡收錄，打破一般人學神通跟高深理論的修行概念，而可以回到人間把這些概念拿來修自己。

修自己很重要，自己的身心靈穩定合一了，修行才能有進境，才不會說一套做一套，那修自己最主要還是把周邊人事物處理好，可以達到耳順，可以隨心所欲不踰矩，不踰矩是關鍵而不是隨心所欲，其實儒釋道的道理是一樣的，不可能會逾越自然天道，「悟道」才是修行的主要根本。而不是法門。

其實並不是所有人都可以接受靈修，當然也並不是所有人可以進入靈修，所以不必去在意別人對靈修的看法，也並不是所有修行都要去渡人，基本上一定要先能渡自己，所以人間修行是先要渡己，有餘力然後渡人。

前幾天一位師姐過來，說她修的身心俱疲，因為老師常帶她們去渡靈，又要分攤宮裡各種工作，常常神尊降旨，說要做什麼做什麼？弄得家裡人起微詞，想去做又很累，家裡顧不到，不做又怕神尊處罰？真的，這是目前一般在宮裡做修行的人的困境，不知是被人綁架還是被神綁架？

我只告訴她，回到初衷，回到當初想進入宗教修行時的初衷，她說其實就是清靜自在修行，那為什麼會變成不自在修行，還感覺身心俱疲呢？我請她自我省思就知道，要敢跟自己衝突，要敢放下旁人的眼光，你的決定只有自己負責，沒有任何人可以替你負責，所以不要說因為誰誰誰，所以怎樣？其實每個決定都是自己下的，為自己負責就好。

人間修行第二本會去定名為《神仙指路—簡單自在的勘破靈修的迷思與修行陷阱》原因即在此，既然是靈修當然要照顧到靈的區塊，所以自在與否？只要去區別到底是靈的限制還是人的規矩限制？是神的旨意還是人的旨意？一個很簡單的判別法，到底合不合乎道理？合不合乎天理？靈是喜悅的？還是造成你很多困擾？

要鼓勵靜坐，是因為避免人的思維太強，在還沒清楚靈的思維模式前，人很難去跟靈做配合，只有清楚了，才能人靈合一，不管是身心靈還是身口意都一樣，合一了就沒有人靈的困擾，所以除了去歷練以外，從靜坐中去省視自己獲取靈感（累世累積的智慧）也很重要。修行陷阱大都是人設的，靜心去思考就可以去區別，去減少困擾跟後遺症。

4—6、談一下「刻意」跟「自然」——順便談談「放生」的意義在哪裡？

很神奇的兩個字——刻意。把「意」刻上去，於是就有了「意」的痕跡。

佛家說要修「身口意」，身是指行為，口是言語文詞，都是表現在外的。意則是起心動念，前兩者是有形質可以記錄，但是「意」原本是不落痕跡，無可考的思維意識，但是一經刻意便「著痕」了，變得有跡可尋。因為「意」是可透過「身、口」而落實，但是「不經意」與「刻意」就造就了不同的境地。

「意」的境是可以經營培養的，是人在創造，所以「意境」會有高低，我們常去看畫看字看庭園造景，除了技巧之外，給人不同的感覺主要出在於意境的高低，意境也可以說是「心境」，是在實體之外，加上自己的感覺跟想像去營造一個理想中渴望的境地。

意境的培養，是可以透過觀摩學習的，觀摩學習的對象除了人造已展現的實體之外，大自然的實境也是學習的對象，但是很重要的是自己的「覺」，看到了人事物以後自己的感覺，感覺是可以加上天馬行空的想像，沒有限制的，也可以編織，所以實體之外，心、靈空間的探索也是很重要的一個因素，要讓人讚嘆，唯有把幻境化成實體呈現，把想像「落實得體」要能「忠於想像的原貌」才能讓人驚艷。

所以「得體」很重要，得體要能不落痕跡，一些絕美的藝術品之所以流傳，大都是「渾然天成」「巧奪天工」，無雕琢的痕跡，最終還是以「自然」為依歸。

自然就是「不經意」的，像看到小孩跌倒，順手拉一把，看到小鳥受傷了，撿來照顧好又放飛了，看到虐待動物自然前去制止，沒有想到有什麼好處，沒有為特別目的，也沒有道德功果的想法，或是任何指謫，就是只有「做」的單純的概念，因為該做而做，是心境內涵的反射動作。心境內涵越高越渾厚，展現的意境就越高。

那回過頭來講「刻意」，刻意是把「意」刻在那裡，刻就會有痕跡，有痕跡就會影響原有的運作，就像CD有刮痕或傷痕一樣，只要播映就會在哪裡卡住或重複跳針，原有的運作就會不順暢，但並不是刻意就不好，CD的軌跡原本就是刻上去，是一個創作，是一種「意境」的呈現，不管是電影或音樂，都是意境的創造；但是這之後的刻意就變成一種破壞，除非這個刻意能順著原來的軌跡去運行，或是有「重新寫入」的能力，哪也是一種創造。所以要把「刻意」回歸成「不經意」，融入原本的運作中，那這個刻意是「鬼斧神工」無損於原來的運作或與原先運作融為一體，這才是刻意的最高境界。

能把「刻意」跟自然融合是最好的「刻意」，雖是有意去做，卻可以不著痕跡，重點在於「不著痕跡」。這就需要去「意會」去做功課了，意會就是要去體會自然的道理，了解所要人為「刻意」去做的物事，如何貼近於自然？所以像慈悲心，惻隱之心，急人所急，苦人之苦，都是一種心意，一種本能，但是經過人的「刻意」把它放大發揮，就出現一些問題，就以現今比較爭議的兩個作法為例：比如說像放生跟動物保護的操作。

放生是一種慈悲心，原本是人皆具有，但是放生要自然，是一種不經意的心理反射動作，是一種善良的本能，但是經過刻意的放大處理後，「放生」就產生了為大眾所不能接受的一些問題。這些問題是值得探討的：

一個是以求自己的「功德」為出發點，那放生的目的是什麼？這是一個利益條件交換的行為，你只是在作交易，以慈悲心為名，要用慈悲心換什麼？真的功果存在嗎？

一個是沒有用心意去貼近原來的環境狀態跟放生的原意，只是做「放生的形式」，那是有「刻」（有做這件事）但是意（心意）不到，所以產生反效果或是造成危害，慈悲心就不見了。

那放生的意義在哪裡？

放生之所以會產生問題，主要是在於「太刻意」跟「有特殊目的」的行為，而沒用心在合於原本自然的生態，違反了自然之道所致。

我們當然鼓勵放生的慈悲心意，但應該是自然而然隨手的去做保護環境的動作，創造良好的棲地，讓生命可以安然自在的存活，對於意外的生命施予我們的援手，然後回歸自然，所以「放生」原始的意義應該在於對環境破壞的制止及回復並創造優質的生存環境給這些生命，當然這些生命也包括人本身。

人的基本生存的尊嚴應該被保有，是不是也應該對自己慈悲，對不適合自己生存的環境要作一個改善，這個改善包含親人朋友間的互相對待，及夫妻之間相處對待的改善以及自己心理環境的清理。這有時候是必須要「刻意」去爭取，但也要求合道。所以如果相處對待環境不適合一方生存，基於慈悲的心理，夫妻跟男女朋友之間的「放生」是應該被允許的，一般人對於這種狀況通常會講被「放殺（捨）」，實際上應該是慶幸被「放生」，離開產生痛苦的環境，重新創造適合自己生存的環境條件跟回復原有的尊嚴，這才是一條生路。

所以修行為什麼要自然，自然就是順應原本的軌跡理路去做去走，因為那才是最美最適當的方式，即使是人為刻意的安排，最終也要符合自然的法則，就像憲法一樣，最簡單最直接，卻也是所有法律的根本，就像天道，就像自然之道，是所有人為戒律，規矩，科儀的最終依規的標準一樣，所有刻意的創造，仍以符合自然為最終目標。

所以靈修的人如果在一個不適當的環境下修行，是不是也該考慮這地方相關的規矩是不是太刻意，主事者的目的性為何？必要時是不是也該對自己做一個「放生」的動作，讓自己及自己的靈回歸自然。

第五章

成也一念間，失也一念間

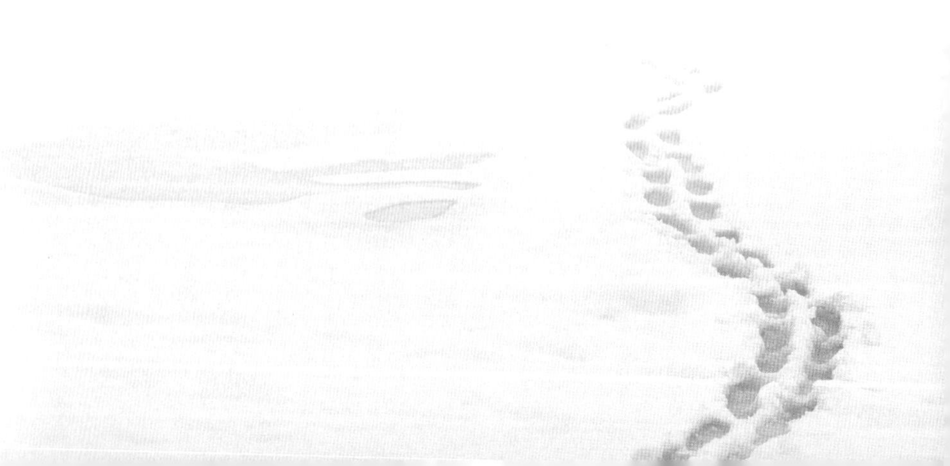

5—1、做中學，學中做—靈一直在提升，一直在準備著

先天通靈者在發覺自己已經通靈的剎那，通常第一個想法就是「我什麼都不會，都還沒準備好，到底要做什麼？要怎麼辦事？」

其實先天通靈的人大概都會有一些顯相的徵兆，知道自己有這種體質，所以在成長的過程中會有與神尊或無形接觸的經驗（其實修行已經開始），只是不清楚到底要做什麼？也不一定會接觸到修行（世俗概念的修行）這個區塊。

所以當通了以後，才比較清楚自己具有這種特殊「異次元空間溝通的能力」，開始知道要走宗教，要跑宮廟，才開始進入一般人認為的「修行」的領域，所以開始打坐啦，會靈啦，其實這是「人覺」，並不是「靈覺」，靈早已覺知，是人開始清楚自己該進入修行的領域，開始知道自己要做哪些工作任務，其實通靈者也是會認為自己「才開始」修，「才開始學」如何幫神明做事。

這其中很重要的概念是「學」辦事，這個學辦事不是學儀式，不是去學要怎樣修行，不是做宗教學問，不是學經典，而是實際操作神明要教化宣化，要處理陰陽溝通平衡的事情跟程序了。

所以「觀念一」來了，是要辦事了才開始在做中學，學中做，然後把神尊教

的程序動作儲存成經驗，讓自己清楚然後變成人的經歷和學問，慢慢遇到同樣的事情時，可以反射動作處理，不必再麻煩神尊。

還有一個「觀念二」很重要，很多人認為靈修修行就是在學神通，其實不是，靈修修行只是在讓自己「心境澄明」，回到「單純」的境地，所以要息心止念，去貪欲，不伎不求，不做非分之想，讓外物情境，個人情慾不影響自己心境；所以神尊讓你歷練七情六慾的考驗，讓你歷練人世間情財病劫的考驗，為什麼？因為要你了解「心」的作用，這些經歷物事都是「心」的作用所產生，你會痛，你會不捨，你會糾結，都只是心的作用而已，為什麼人會說「心有不甘」，所以只要人「心甘情願」，這些怨憎會，這些愛取有，求不得的問題就不會上身，為什麼要這樣讓你歷練，因為當你對這些物事「不為所動」的時候，你才會單純辦事，不會夾雜個人情慾喜捨，辦事比較不會出問題。

所以了解神尊的用心，你對自己過往自己所受的苦痛就能放下，那些都是你辦事的基底，沒有這些經驗，你哪裡來的「同理心」可以去苦人所苦，痛人所痛，辦事怎會透徹。

至於辦事要做什麼準備？「何師姐」很經典擔心的問題，給大家參考一下：

在我根本就無心裏準備？受了老祖點化我才知道會冥王時，冥王要的是什麼？做善行會跑第一是我的本性，我有能力我一定會去做的，但是主神令主的出現？我根本就沒有心裏準備，會到冥王時，「辨祖靈」當天就要我發願接下了，我打從心裏願意的，只是來得太快了？其實我真的根本還沒學到什麼？不到一年的時間捏，大年初一才開悟的，這期間其實都是靈帶我去看到疑惑的答案的，這一點其實真的是讓我非常驚訝。

所以主神令主的出現我感到有點壓迫感，自己倒著急了呢，得先改心性，惡習，忍辱，而且現在才開始學習一切，同時又得接受考驗，閉上眼就能看見化境所以我很累，因為甲狀腺亢進所以眼凸，眼睛相當的疲勞，我該怎麼辨才好呢？「平常心」還在學習中呢，所以向師兄吐一下苦水，唉……

——

應該不只是何師姐的問題，Vi師姐也跟我提過，相信很多先天通靈的師兄姐也會有這種現象，這是先天通靈者都有一些共同特性，慈悲，謙虛，低調，通常都不會任意展露或吹噓，因為他們的心境很單純，祂們知道祂們就是「要來辦事」的，同時也會很擔心辦事辦不好要怎麼辦？

其實自己本身的靈是清楚的，但是人（身心）是擔憂的，因為通常人的時程認定就是從人的「清醒時刻」起算，所以覺得好像才開始，什麼都還沒學到，什麼都還不會，事實上「靈」已經準備好很久，是「人」感覺還沒準備好，人會認為什麼辦事的能力和技巧都不會，「眉角」在哪裡都不知道？怎麼辦事？

所以「觀念三」就來了喔，辦事的能力跟技巧是來自神尊，人是在辦事中學，學是為了有相近的事情再來時，可以用點化或經驗傳授的方式處理，而真正要處理陰陽溝通的事還是要神尊的，人只是代言代行而已，其實神尊也是很懶惰的啦，不要說懶惰啦，說是智慧，懶惰生智慧，所以創造萬物要讓萬物自己生生不息，不用神再來造，是不是很懶，所以辦事中學，也是要減輕神明的負擔。

因此「觀念四」就來了，人到底要準備什麼？要學什麼？其實人要準備的就只有「單純」跟「堅持道心」，「單純」是為了跟神尊溝通清晰明白，接收清楚，「堅持道心」就是一個維持初衷，一個不會被威脅利誘，一個不退轉的初衷，一顆單純為神尊代言代行的心。

所以要準備什麼，準備一個時時提升自己，準備一個時時接受考驗，並通過考驗的心念，要辦什麼事，辦到什麼層級的事，不是你能知道或是可以做好準備的，所以準備的心態是「時時都在準備中」。就是來了就做而已。

所以師姐說要改心性，惡習，學忍辱，這是一般最基本的修行，也是傳統宗教的修行思維，其實這不是最重要的，重要的是要去學會「理解並懂得」自己所經歷的物事，祂所要教給我們的是什麼樣的智慧，所以不是去改去忍，而是以所得的智慧去建立一個良善有益的一個新的心態，理解和懂了道理就很容易接受，也會很容易調整自己的言語知行，這是神尊的「不戒之戒」的概念。

其實就像當初玉玄宮開宮，也是什麼都不會，也什麼事都自己來，當初跟一個陳師姐合作，神尊都是自己請自己安，之前我們也都沒做過，都是新鮮事，定神桌，擺位置，請神安神，送敦和宮請靈分靈，開光安神都是自己來，過程中神尊就會提點，動作做錯有沒有關係？沒關係的啦，其時都是一個形式，重點是一顆心，後來也請教神尊，神尊也開玩笑說我也會安神了，祂說，「其實你三炷香點起，我們就來了」，重點是你的虔敬的心。

所以做中學，學中做是辦事要建立的心態，那你說「我什麼都不會」，真的是什麼都不會嗎？還是你不知道你會什麼？我就問Vi師姐說，你馬桶水管壞掉，你會找一個不懂水電的來幫你修理嗎？當然是不會啊，所以道理很簡單，連人都知道要找會的懂的的人來做事，難道神尊會不懂這個道理，會找不懂不知道的人來辦事嗎？所以只是人不知道人沒經驗，靈是知曉的，不然為什麼是你通靈，而不是其他人通靈。

通常先天通靈的人都是帶有累世辦事的靈，人要做的，只是透過辦事來學習，然後把自己人跟靈的思維結合，讓人建立信心，然後時時靜坐清理自己的罣礙並時時修正心態保持初衷。

5－2、神尊給修行人的四大圓滿─法、財、侶、地俱足

師姐：

因為我在很多年前，有去台北指南宮領了一個地母的濟世旨，那最近有一個師姊說：「他的神明說」：我如果沒有做，每年都會一直被負責這一塊的神明扣分，而且還會扣福報之類的，當然，我的生活及很多方面就會越來越不好，是這樣的嗎？

莫林桑：

那問一下，那到底是師姐說還是神明說的啊？領了旨沒做工作，只是工作積壓而已，做神明工作是「責任制」的，神明會讓你自我管理，也會看你的狀況評

斷，祂只會提醒你，不會因此而懲罰你，只是你的靈的壓力會越來越大；那神明要你做，只是神明指引了路給你，而你卻要堅持走你自己想走的路，就怕你自己選擇的路坎坷不平，走不好了又來怪神明。自己路走不下去了，又走回來正途，只是一個修正的動作而已，沒什麼難堪也不必在意別人眼光。

師姐：

那如果要開始去做，要如何做呢？因為當初什麼都不懂，都是聽師姊說的，我是覺得自己很沒智慧，那位師姐說的意思是，我本來有修行的命，但毋須出來濟世，等於是我自己自找的，他說我可以選擇將旨繳回或者開始濟世，是這樣的嗎？

莫林桑：

自己的各方面好不好？牽涉到你的專業跟心態，沒有減不減損福報的問題，福報是跟著你的善良跟慈悲而來，善良跟慈悲是你的本性本能，不一定是在宮廟替神明做事才有啊，你平常就能做到，跟宗教或神明是無關的，那只是你的加分題而已。

至於幫神明做事是工作，工作就關係到你的能力跟所處環境，業績好不好關係你職位的升遷（靈質的提升），會處罰就只是減薪或降級，當然就會影響你的生活品質了，那你要不要調整你的態度，關鍵還是在你；當然替神明做事會很容易累積業績，可以幫助很多人，對自己人際關係及工作、生活方面一定有加分的效果，生活也會比較順，跟你善良助人一樣，能增加別人對你的好感，對自己有很大幫助。

那生活變差，絕不是神尊對你的處罰，而是你缺乏歷練，不努力工作或是走錯路的必然結果。怎麼可能神尊去減損你的福報？只是你的福報沒增加但你又一直使用你的福分，當然越用越少。

再來濟世不必然像師姐她們那樣開宮辦事，可以隨緣度化，以前的觀念都認為要修要辦事就是把人生賣給神佛，所以延誤了很多人該修的時程，也不敢進入修行的路或排斥辦事，其實沒必要，修行跟生活是要平衡的，要用智慧去安排。

修行跟辦事的路，只要開始去做了，自然會進入一個善的循環，但要秉持初衷，正心正念正行。

師姐：

理解，我是願意去做。我當初連宮印都刻好了，宮名也有了，真是傻得好笑，不懂還聽人家叫我怎麼做就跟著做。

莫林桑：

那是你的虔誠的一份心，追隨神佛的心，沒有傻不傻的問題。所以宮名宮印都有了卻沒在辦事，只要跟神尊秉一下，如果真的沒心了，可以稟明繳回，或是請神佛讓你隨緣度化就好。其實也不必拘於形式，該做的做就對了。辦事不必然是處裡鬼神，有人就會有事，大部分要處理的事都是人的事，有困難的人你幫她介紹地方處理或是開化她都是在辦事。

師姐：

我是願意去做，只是之前覺得神尊坐不穩。

莫林桑：

神尊坐不穩是因為人心不定，你定下心了，神尊自然穩當。

師姐：

希望如此，因為我自己的心不夠安定，所以神尊也不穩，是這樣的意思嗎？如果我自己穩了，神尊自然像台語說的「在」（在穩）嗎？

莫林桑：

你用這個「在」實在太貼切了，自在就是自己在，不要搞的自己心惶惶然，這樣怎麼自在，心自在了，神尊自然就穩當妥貼了，關鍵在於你的心。

——

以上這應該是很多師兄姐都存在的問題，有時候不知道主事者到底是要顯揚神尊的威力，還是要扯神尊的後腿，為什麼要拿神尊嚇人，到底是神尊還是黑道大哥。嚇的這些師兄姐進也不是退也不是，想修又害怕，不修更可怕，其實這也是給師兄姐歷練經驗，萃取智慧的考試吧。

至於要如何判斷這些主事者所講是不是真實？第一個，其實很多事情用常理就可以判斷的，合不合乎道理？是黑道的道還是白道的道，還是天道？所以為什麼要建立太極的概念（善惡黑白雙方的認知），這樣你才夠資訊去判斷。

第二個就是以神尊的角度思考，這個思考要把自己所處位置拉高來看，遇到事情，如果以觀音的概念應該會怎麼做？如果是太子又會怎麼做？把思考角度提升，雖不是神亦近於神，以神尊的思維做為自己思考角度的參考，這就是無極的概念，放下自己的立場，以更高的標準做標準。

那很多人也會問，修行是為什麼修？神尊又能給我們什麼？

其實神尊要我們修行辦事能給我們的是什麼？神尊是沒辦法給你任何有形

的物質，神尊能給的只有智慧的引導，所以修行的目的是要讓自己靜下來調整自己，靜下來的作用是把心謙卑下來，用學生的心態開始重新「定做」一個自己，去學習自處的智慧，與家人親友相處的智慧，辦事工作的智慧，待人處事的智慧，當你把這些智慧運用出來，調整自己的言行舉止，如前所說，讓自己開始進入一個「善的循環」，如此所有有形的物質也會因緣俱足的自然而來。

所以神佛要給修行人的禮物是什麼？就是法、財、侶、地俱足，法是道法／佛法／正心意，是天地自然之道，是你真心修持的法，讓你能夠理「通」，理「解」，然後有能力可以宣法傳道。

「財」則是指道財，神佛要你來辦事，一定會有撥預算給你，你弘道傳法工程大，預算就高，其實神尊預算都編好好的，只要你肯做，道財一定充足，神尊不會拿一塊錢叫你去買賓士回來，重點是你要肯去執行，自然有足夠的道財給你。

再來「侶」就是你修行的道侶或共修扶持的人，神尊也會幫你安排，在特定時空會給你特定的貴人，再來「地」就是修行的地方，神尊也會幫你安排好，或是自己有弘法傳道的地方或是相助的地點都會出現。這是神尊給修行人的四大福份，也是修行圓滿必備的條件。

所以常聽有的師兄姐說沒有地方可以修，領了旨要辦事沒有地方可以辦，沒有人可以幫忙，其實這些煩惱都是多餘的，小事小辦，大事大辦，當你是業務員時當然只有辦公桌（在外隨緣渡化），你是經理會有辦公室，你是副總可能就有分公司可以經營，所以不用急，預算都有編列，只怕你不認真不努力，不願意走進來，走進來了就會因緣俱足，只怕不做，做就對了。

5－3、認識一下什麼是神性？

「佛」一般的解釋是稱為「大覺者」，這是近世佛「釋迦牟尼」所示現的現象跟佛學者的解釋，因為覺而不迷，所以以此智慧的能力來渡化大眾，重點在於「覺」，能省悟，能理解，能超脫於所見的實相的人事物，而不為迷、惑。

佛陀之所以放下權利，財富，名利，親人，是因為有更高的追求，他要去理解人的生老病死並求得解脫的方式，之所以有放下，是因為他擁有了，所以能呈現放下的狀態；而對於生老病死的解脫之道則呈現尋求的狀態，因為還沒有悟得解脫之道，所以有追求，但得「覺悟」之後，則又呈現放下的狀態，放下那個追求，而成為傳道者，傳道者在傳道之中就有舍有得。

所以能否渡人，在於對於人物事之道是否有所「覺悟」，有覺悟了就能助人，只是覺悟還是有程度之別，所以「佛」是「大覺者」，能傳大道渡大眾而離苦得樂，一般人處理自己問題則會有小覺悟，小覺悟則渡小眾，重點在是否正覺？成效就要看被渡者的顯象反映，是否能脫離當下的苦境，且不再發生並沒有後遺症，也就是對當下事件有否「究竟解脫」，還是又不斷重演一直輪迴。

「究竟解脫」並不一定是要到人生的最盡頭，是對所遇到所處理的事情有沒有徹底圓滿完成，就是當下事情的「究竟解脫」，這也可以用來檢視自己修行的進境到什麼程度，是否真能讓自己輕鬆自在的一個檢測標準。

所以檢視你所處的境地，包括自己家庭親人，包括所處進修的宮廟，包括你工作鄰里，自己能否「覺知」所處境地是否有改進調整的空間，這也是一個很好的檢測方式，但檢測是檢測自己，讓自己調整進步，而不是檢測別人。

當檢測自己完，再衡酌外界環境後，再進一步決定自己如何調整。以靈修人而言，通常對自己問題有所覺知後，常會有他人帶相同問題的事件到來，讓你審酌自己的調整是否到位，也兼有讓你熟悉渡人的方式跟感覺，最後才再有一個比較深刻的事件來檢測你的調整是否及格？包括心理狀態，處理的方式跟感覺，及是否調整成功，而不是陷於同樣的痛苦或泥沼，這樣才不會於渡人時誤人。

所以談神性，什麼是神性？我們說佛是覺者，覺可以渡迷，覺者是自己已經脫離迷境了，所以可以渡迷，但最受惠的還是自己，因為「覺」所以可以不為凡塵俗事所羈掛牽絆，外在環境是迷的，但內心是了然這個迷，所以佛又有一稱，稱為「弗人」，是超越一般人行事思維的邏輯範疇，比如人好爭，好名利，陷於七情六慾中，而覺者則處其中，心不會任何偏頗，「有而不有，為而不為」，因為順勢順自然，因為無執，所以佛在世是大覺者，往生而稱佛。

因為在世已無世情，離世則更超然。所以佛並非無事，而是事已非事，凡事都在如來手掌心，了然於胸。所以渡迷並不是覺者的主要工作，因為渡迷只是隨手點撥的事而已，覺者最重要的是讓自己不要再陷迷境，所以渡迷只是考驗自己，不要讓自己再沉迷而已。

所以神性是什麼？釋迦是近代佛，已然如此超脫，那古佛呢？所以神呢？

佛說沒有分別心，傳道者卻告訴你，有三界，有幾重天？有淨土，有西方極樂世界，有佛國，其實都是一個方便法門，所以真正沒有分別是已經過了可以分別的境地以後，才會有沒有分別的概念，因為還沒修成神佛，有分別是必然的，所以一般神也是有分別的。

一個公司的總經理或董事長，他底下有技術研發部門，有行銷部門，有生產部門，有會計部門，以董事長或總經理而言，必須各部門和諧並進，所以公司是一個整體，它是沒有分別的，但是各部門主管則會有各部門主管的立場及進步的要求，部門底下各個科室則更有各個科室的壓力跟立場，互相之間有競合的現象與問題，不得不有分別。

而神佛就是到達一定境界（位階）以後，自然就沒有分別的概念；當總經理看著底下各部門的努力與互相間的競爭，他會認為這是動力，這是自然也是必要現象。那競爭也有良性競爭，也會有惡性競爭，他只要去調節維持正向運作就好，而董事長或董事會則不需要去勞煩，只要看成果就好。

所以什麼是神？董事長董事會之於員工，老師之於學生，一般人對於景仰者的感覺，這就是神，神應該是沒有分別的，應該是廣泛接受的，應該是有能力決斷事情的，因為我們是多神論的，所以呈現各階段的神還是會有各階段神的特性，所以如果要問神性應該要說最極致的神的特性，也就是比較恆常性的。或是一般人認為神應該給人的印象。

以一般人所見，神尊坐於桌上，何曾開口，但各色人等仍舊樂於拜神，那拜的用意是什麼？求財，求平安，求和樂，遇到事情無法解決求神幫忙，各種困難都來問都來求，個人的工作，感情，考試，相關連的親人，同事，老闆，朋友，只要有疑惑都要問。

那問跟求的根本認知是什麼？當然是你覺得「神」是可以幫你忙的，你覺得祂的能力比你好，比你見多識廣，而且是肯幫你的，你才會去求去問，所以對神的一個認知的特性就是神是能量俱足，樂於助人的，不管那個階層都有那個階層樂於助他的神祇在。

所以不是神尊有工作壓力才助人，而是特性，觀音的慈悲，玄天帝爺去除欲望、斬妖除魔跟帝君的忠義，太子的行動力，母娘的關愛跟智慧，佛的覺迷渡眾生，都是因為能量俱足而展現的特性使然。

那我們說神創造了世界，這個人生存的世界的萬事萬物的發生，都是神創造的，那神創造的世界為什麼是非、善惡、好壞……通通一體存在，為什麼不管各種修不修行的，各種法門都存在，祂要展現的意義在哪裡？

第一個，祂是董事長董事會級的位階，他只有「一個整體」的概念，沒有高低上下好壞善惡的分別，是一個共同存在的概念；第二個，祂是一個覺知的智慧體，接受包容各種現象的存在，也賦予各種現象啟發智慧的功能，所以沒有任何排斥；第三個，祂創造了眾生，卻不干預眾生的自我決定，只有在最後接納眾生回歸神界，所以神明桌上，眾神何曾開口，還不是由人與人（不管有無代言）自主判斷決定（擲茭，卦象，香語都好，其實人只是要神明為自己的決定背書）。神只是示現的祂的做法讓人學習而已。

所以古佛古神早已超越「覺」的層次，只是把智慧傳承給人，而人能不能一層一層的「覺」就看自己，所以給你七情六慾的感覺，所以給你好壞、善惡複雜的環境，然後再給你一個「天平」，自己去衡量，這些不是進入宗教領域修行的人才有的特權，在紅塵俗世歷練的人一樣有這個特權，所以老天（神）是公平的，能不能「覺」是看自己。

所以神性是什麼？道德、是非、善良、慈悲……等等只是人性的發揮，那神性是什麼？神性只有無限「接納」、無限「容許」，接納你做任何事，容許你對，容許你錯，容許你改，容許你停滯，容許你謾罵，容許你攻訐，容許你樂善好施……就是容許接納。

因為接納，因為容許，沒有不允許，所以沒有所謂違拗，沒有所謂頂撞，沒有所謂生氣不滿，所有的存在都是必然也自然，因為萬物自在，所以神自在。但是神就給人一個「天平」，在自己心中，在自己靈中，自我衡量；天平的走向目的是不斷的「覺」，不是道德，不是善良，是「覺」，是經歷體悟能覺多少，就渡迷多少？能渡迷多少就提升位階到什麼程度，神只是看，神性就只是自在看待，讓人自己去修去悟。

當你理解神，懂神，就越接近神。

神只是坐在桌上看。所有作為都是人。

5－4、慈悲心是先要成就自己
—眾生才能因你存在你的慈悲得到救渡

As.：

老師您好，抱歉懇請幫忙指導如何找到自己的主神，內心很急迫想要精進學習，幫助更多人，但是接觸道教神佛多年，得到的是更多的不順遂，為何這麼多善良的人，真誠地相信神佛，反得到的是更多迷惑。懇請老師幫忙解惑，感恩。

莫林桑：

不知道從什麼時候開始，每個接觸宗教的人，都有一個高遠偉大的志業，那就是「救人、渡人」。想想老子留下一部「道德經」，留下一個「清淨無為」的典範，後世道家或道派，不管練術練丹，無非都是修自己的心性跟能力，期望能清淨自己的體，目的是要渡自己羽化飛升。即使佛家釋迦牟尼也是為解自己的惑而進入修行，求的也是自己要先解迷，覺後才能渡迷，先要渡的還是自己。

渡自己，修自己才是修行的首要，要愛別人之前，要先懂得愛自己，你一心一意要助人要渡人，可是自己生活一團糟，別人難道看不懂嗎？你說信佛拜神可以讓自己更好，可以解決生活上的諸多問題，神佛可以幫你？可是你要「示現」什麼樣的狀態給對方看，你要代表佛？你要代表神？還是要代表你自己？你有展現神佛教導的成果給人家看嗎？佛理教義你知之甚詳，通天徹地，請問你實踐有幾分？你的言行舉止，你的應對進退，你的心念是否與神佛相近，別人是可以感受的出來的。

子曰：「視其所以，觀其所由，察其所安，人焉廋哉？人焉廋哉？」所以回過頭檢視自己的成就，不是問自己讀了幾部經，或抄了幾遍經，每天幾叩首拜幾拜，而是讀經抄經「心」有無定下來，叩首拜神佛，心有沒有「謙卑」下來；是讀經抄經的時候定下來，拜佛叩首的時候謙虛下來，起來後，外出了，是否仍舊保有這個安定的心，是否仍舊保有這個謙卑的心，還是只有在拜在讀的時候有神佛，起來就忘了。

所以修行是要一致的，天地人的道理也是一致的，這一致是人的言行一致，這一致是不管有神無神在的時候都一致，所以「心」是安定的，不會因人因事而飄移不定，這個安定是因為理解人道進而理解天道後，因為對道理的理解而安定，是因為對神佛的精神的了解而安定，所以不會被人言所左右。

回過頭來理解，進入修行，是不是馬上要助人渡人？請問關公是因為要助人渡人才成為關聖帝君的嗎？玄天上帝是開始修行就要渡人了嗎？

都是悟道得道後具備渡人的能力了，才展現渡人的能量，悟道得道之前則是一個善良單純的狀態，一個一心護主，一個是發心救渡，這個力量是很安定的，所以可以救渡眾生。但是還沒悟道之前，能量不足，你只能隨緣渡化，你的責任是修自己讓自己悟道，而不是因為要救渡耗盡自己能量，也不是因為要救渡而忘卻修行，結果因為耗盡自己能量而斷了修行路，這是捨本逐末的，釋迦牟尼佛／觀音菩薩也是先成就了自己，才得以渡天下眾生，神佛都是這樣的，沒有先成就自己是無法渡眾的，所以修行要了解神佛之成為神佛的過程跟精神，而不是冀望一下子就成為神佛。

了解神佛的過程跟精神所在，做為自己修行的指標，這樣修行就可以安定了，安定是將自己沉穩下來，知道修行的目的，知道修行是累世的事，然後老老實實去做，不求快，將心性穩定單純下來。

所以並不是因為接近神佛得到更多的迷惑，而是人在修行的過程中把修行複雜化了，或接觸了不適任的神佛宮廟的主事代言者，接受了太多人意的作為，所以讓人對神佛迷惑了。

神佛只是很單純的坐在那裡，祂展示的是祂的精神，很多人沒把心靜下，用追求的心追求神佛加被福澤，或被人誤導了自己具有的能力，其實神佛何曾開口說話，為什麼這麼多人都聽了那麼多好似神話的人話，而把自己搞迷糊了。所以重新把心靜下來，拎聽自己內心的聲音，不要急著追尋，老實修正自己去接近神佛的精神就好了。

補註：底下是一位師姐傳給我的感想，轉貼給大家參考

康師姐：

師兄今天FB這篇文章，真的很棒！可是要到達了解你說的境地真的需要一段時間，走過不少的路，其實As.的問題是大多開始接觸靈修人的問題，我剛開始時也很害怕很迷惘，這條路是對的嗎？這樣做是對的嗎？要怎麼做才是對的？很多

很多不同的問題困擾著我，可是還好我一開始就是瑤池金母娘來我的夢中，告訴我時間到了，要開始修心之路了！所以我一路走來，還能有一顆堅定的心，繼續走下去。

《道德經》很深奧，其實我更建議先從《太上感應篇》、《太上老君說常清靜經》、《太上老君日用妙經》著手，還有母娘也要我每天讀《瑤池金母普渡收圓定慧解脫真經》，這些都是能讓我了解，讓我自己靜下來，修自己的經典。剛開始真的會迷惘，而要走到您說的境地真的要付出不少的努力才能開悟，開闊，放下。也要到走了很長一段路之後才知道，即使知道主神是那位神尊，如果沒有好好修自己，靜下心，做好自己做人的本分，認了主神也不能讓自己一步登天。

師兄今天這篇文真的深入我心，我一直以來都從您的文章中，安定下來，謝謝您了！我可以建議所有剛開始走的人，先靜坐，把心靜下來，有空閒時，把師兄的文章一篇篇仔細的讀，真的有很大的幫助哦！這是我給As.師兄的建議。

（感謝康師姐分享）

5—5、請神與奉神—人與神的相對待關係

前個禮拜與師姐去幫一個師兄的宮退神並重新請神／安神。因為宮裡神尊神像很多，最後只留下最原始開宮即已奉祀及相關淵源的神尊。當然神像多，難免就雜亂，到最後管理上出現困難，到底神像裡的神尊的靈在不在，或是到底是神的靈或是其他非神的外靈佔住，除非通靈人，否則也真是難以分辨。

宮裡或家裡神尊越拜越多尊這是很普遍的現象，當然主要的是你願意奉祀神尊，你有這個心，神尊知道，非神的外靈當然也知道，所以有意讓你供奉的神尊或外靈，一樣會讓你感應到祂的存在，一般人無法分辨，當然都以為是神。

或是原來請的是神，但太久沒事做或沒得發揮就離開了，但離開也不會通知一聲，空下來的位置非神外靈補上來了，一般也不會有感覺，久了自然就有混雜的現象；當然因此整個空間的磁場就亂掉了，我們說「運氣運氣」，氣雜了亂了，當然運也就跟著雜亂，就運不動了，所以反應出來的現象就是不順，就是干擾的現象，所以運勢當然就走下坡，當人有感應氣場不順或運勢衰敗時，就需要考慮修正調整氣場了。

因為民間信仰跟道教的部分屬於多神信仰，所以會產生上述神尊越拜越多尊的現象，多神信仰主要是出於對大自然萬物的敬畏跟尊重，所以千年樹石，狐仙蛇精都可以成為膜拜的對象，奉神的原因千百種，當然主要也是出於敬畏跟尊重，但是奉神的智慧卻被嚴重忽視，最主要原因還是來自於慾念跟畏懼。

以基督或天主教而言就比較單一化，不會有上述狀況，佛教雖然也是多佛多菩薩，但也比較單純，因為有佛理為最高指導原則，比較是學習式的信仰，各宗派談佛說理相去不遠。

但是道教則是百家爭鳴，宮廟各自為政，入手門檻低，只要神像一立，便各擁一片山頭，都有人信，有人拜，信者各取所需，所以如果家中或開宮要請神／奉神到底要如何跟神尊相對待？

話說道教現象就像我國的春秋戰國時代，每個想要發揮的諸侯或是諸國王公貴公子，無不到處延攬能人異士，做為治國或是謀天下的顧問，所以齊國孟嘗君，魏國信陵君號稱有食客三千，當時稱為食客，現在應該稱為顧問團，有些食客可為名士，有很大的貢獻，有的是禮聘而來，有的是毛遂自薦，那有的則純粹是食客而已。

所以同樣是顧問，有的顧問有所專精可以獻策，深得任用；有的則是尸位素餐酬庸性質，當然這就要看顧問聘雇是否適得其所，也要看聘雇者對其信任程度，那聘不聘任，其實決定權在主事者，而不是顧問。

這個觀念很重要喔，「聘不聘任，謀策採用與否，決定權在主事者，不在顧問」，可以理解嗎？決定權在主事者，不在顧問。

不管是你覺得神很威嚴，很偉大，很靈感，神力很強，你很佩服，很尊敬，很感謝，或是覺得神威莫測，很害怕，很恐怖也好，請問你跟神尊是什麼關係？願意的你尊祂為師，為父母，但是神尊的作用是什麼？祂只是你的顧問或老師而已，你有問題的時候請教她，有困難的時候請祂提供意見，請祂幫忙，拜神問神，但是，建議採不採納，決定權在哪？決定權在於你對祂的信任程度到哪，所以最後還是要由你決定，因為你才是你真正的主事者。其他不管人神如何建議，都只是做為你決定的參考值而已。

因為這是在人間，是在「人間修行」，所以不管神威再強，多靈驗，感應多深，你一直都是主事者，你寧願受苦受難，或是你覺得怪力亂神，其實神尊是拿你沒辦法的，信不信神其實是在你的概念裡，不在神尊能量大小。你願意相信，你願意聘任，祂才會成為你的「人生顧問」。

所以不管你是要在家安神，或是開宮請神，其實決定權是在你，你要聘請什麼樣的顧問或是要聘請幾位顧問，其實都是你在決定，過程當然會有其他「人」給你很多建議，但是決定權還是在你，你要聘一位顧問或是成立顧問團，決定權還是在你，你要走慈悲救渡系統的，你要走智慧救渡系統的，你要走能量救渡系統（可以斬妖除魔）的，其實都是你自己在決定，不管是五母母娘，不管是菩薩，不管是道祖，或是財神，其實是看你想要或是應該要走怎樣的路線，在家自修就像是開個人工作室，開宮立廟就像是開公司，所以你要請怎樣的顧問還是要你自己決定，但都要配合自己的經營路線才行，不要說開人文咖啡店卻聘請電機工程師或土木技師當顧問，那不是準備關門的嗎？

很多人說，因為某某神尊的靈來給我感應，跟我有緣，或是某某神尊要託夢說要幫忙辦事濟世，要我刻金身奉祀，那我到底刻不刻？很簡單的道理，你開公司了當然會有人要來謀個一官半職，你要看祂的專長，看祂的形象是否合於公司需求？能否對公司有所貢獻？也要看自己公司的現有及未來發展空間是否有此需求，不是有來就應，要思考。

以前也有王爺跟其他神尊說要求要來玉玄宮受奉祀，但我都請祂們回歸本位，因為跟我要的宗旨跟宮的形象是搭不上的，再者現有神桌也沒有空間了，雖然是神尊，你一樣可以跟祂商量請祂體諒，因為你是宮的主事者，神尊是會尊重的，否則就不是神尊了，而是不請自來的外靈，對於外靈就有外靈的處理方式，人神則是會互相尊重的。

對於請神／安神，也建議師兄姐慎重考量再決定，因為請神奉神不只是一生一世的事，有可能是千年的承諾；要請神奉神要以自己的本靈靈源神尊為主，修自己本靈，其次以自己感應最大的神尊為主神，對自己幫助最大，請神安神最重要的是安定自己的心，其實敬神是在心中，立像奉祀只是展現自己的臣服與謙卑，如果你還沒有決定今生今世以虔敬謙卑的心來奉祀的話，還是將神尊置於心中就好，以無形象的方式供奉，可以避免很多無謂的麻煩。

神尊是我們的人生顧問，主事者是你，你要有完全的信任才來請神安神，要請各別顧問或顧問團都由自己決定，但不要因一時的慾念或人言推薦或外靈的要求而來奉祀神尊，以這樣的概念請神，就難免會產生「請神容易送神難」的困擾。

5-6、開宮要做甚麼，自己要清楚—宮的主事者，主導一個宮的走向

黃師兄提出個問題來，說明給大家參考：

黃師兄：

莫師兄，想請教一個問題，時常遇到其他師兄姐跑來跟一位宮主說，宮裡的神明去跟他說，要跟這位宮主轉達要做什麼，有些看似合理，有些看似不合理，我有時納悶，宮裡供奉的神明怎麼都透過別人來說，雖然看到那位宮主都還是很慎重的擲筊，再三確認，不過這種情況常出現的話，有什麼應對方式？

另一個問題是有些師兄姐來宮廟想來發揮，我的想法是如果有能力的人一起幫忙大家是好事，但有些人卻會影響宮的運作，如果暗示他們，別人覺得好像在阻止他們發揮，因為覺得他們比較厲害，壓抑他們，這方面該如何應對呢？

莫林桑：

不管你是什麼原因來開宮，是天命還是天職或是什麼？有的人就是很清楚明確接收到需不需要開宮，有的就很清楚明確接收到要替神尊代言的訊息；有的就一路走來，就走上開宮的路，我是屬於後者，以前也沒遇過什麼高明的師兄姐跟

我點說：你要修，或是說我跟神佛有緣，或是說我要替神明辦事的。

而我就是遇到事情就去做，遇到事情就接受，只是自己會想，能這樣跟神尊接觸，真的是很神奇，神尊是真實存在的，就會想神明會不會叫我做什麼事？所以從開始接觸以來，就也只是接觸，其實聽不到也看不到，就只是隨著接觸的感覺去做，做到後來就開宮了，也不會通靈要怎麼開宮？喔……，原來辦事就神尊會處理，我只負責把神尊的地方蓋好，提供給師兄姐使用（我的概念，宮是神尊的地方，不是我的地方），所以做就對了，至於辦事就讓神尊去煩惱，開宮以來也一直是這樣，辦事的代言人是神尊找的，我也樂得輕鬆自在。

但是開宮到底是要做什麼？每個宮廟都蓋的氣派輝煌，宮殿巍峨，到底是神尊真的要這樣的氣勢，還是人愛比較？其實每尊神尊跟每個人一樣，有不同的特質，性格不同，喜好也不同，很難去說；當然，硬體是顯揚神威的一種方式，也是比較容易去做的，至於精神文明的傳遞，則不是每個宮廟負責人都有能力做到的；所以以前的地方宮廟，還可以做為地方精神文化的遞演、傳承及精神寄託的作用，還有凝聚地方共識，團結地方及教化宣導的功能，但現在宮廟林立，區域表徵不明確，精神文明的表現也比較不明顯。

但有兩個功用是不會消失的，一個是做為修行的地方，一個是辦事濟世，修行就包括宗教知識的傳承以及修養心性，而辦事則是一般宮廟最基本的功能。所以若尚無代言人辦事時，純粹帶領修行又何妨？

所以一個主事者要把宮廟帶往哪個方向？或是要在既有的基礎上往上提升到精神層面的傳承，都是主事者必須要有定見的，而不是一直依賴「乩身」或「靈媒」傳達神尊的訊息而後亦步亦趨，這是被動式的帶宮；那主動式的帶宮，通常神尊會配合主事者的概念想法協助去完成，這就是「願力」的作用，當然前提是正向積極的做為，而不是行傷天害理的事。

所以主事者的心念很重要，主事者的想法做法很重要，他是代表這個宮廟的精神所在，一個宮的主委或是宮主就是這個地位。但是一般宮主都把這個地位讓給辦事的老師或是乩身，認為這些人才是代表神，其實這有很大的誤差，宮主或主委是凝聚人氣的主導者，人神是互助的，神威顯赫時由神發揮，乩身或靈媒有強度不夠時，宮主或主委要有能力能夠調和鼎鼐，而不是任由乩身或靈媒一意行事，人神互助才能顯揚神威，否則會沒落下來。

常常聽到師兄姐稱呼自己主神是老闆或老大，一般來講，老闆會聘雇自己想要用的員工，有事交代也會直接交代底下的員工，決不會把命令輾轉交代給外人再傳達回公司，既然做到老闆，這種概念是很清楚的。

所以通常神尊會自己抓乩，交代事項也會是自己的乩童或宮裡重要人員，會把事情交待外人的情況，只有一種，就是宮裡沒代言人，沒辦事乩身或是乩身太弱，但這不會是經常性的或交辦多人的，這都是不合常理的，以神尊的智慧也不會這樣辦；臨時抓乩身也會在公眾場合以取信大家，所以主事者也要跟神尊溝通，神尊也想發揮啊，怎麼可能把交辦系統搞得這麼亂，那要怎樣辦事？

所以對外人接收到神尊訊息要來宮裡執行，就要評估此人是否具備替神尊傳達的能力及修為？接收的是否合道理？最重要的事到底是接收神尊還是外靈訊息，他自己有沒有辦法確認？否則只有忙壞自己，搞亂宮的格調。

所以同樣的道理，神明要發揮，神尊會自己找乩身或代言人，而不是很多師兄姐想要來發揮，就必須讓他們發揮。

第一、看他代言的神尊是否與宮裡的格調相同，是否會幫忙提升。

第二、借宮裡發揮是做客，有沒有做客的心態，還是要喧賓奪主。

第三、神尊是很有節度的，賓主分明，越高位階的神尊越是謙卑自守本分，所以失去這個原則就是「人」假借神意。

第四、可以借問事測試要發揮的是人或神。

第五、開宮是要讓神發揮，不是讓人發揮，修持得體的人會與神意相同，他修的是哪尊神？既是要發揮，又怎麼可能做出影響宮務發展的事情。

第六、要發揮是助人，不是堅持己意介入宮事運作。

神尊會指點，尤其是客神只會建議，不會強要你做，所以會影響宮務運作的，其實都不是真的神尊要來發揮，可以跟他說明清楚他自己狀況跟立場就好。而且不是暗示他，而是要明示他，開誠布公，宮主或主委有沒有這個魄力，也是這間宮廟神尊的魄力。

這個我也遇過，都是神力非凡，可以到處到處收妖收無形眾生，到處展現神力的，來到玉玄宮也是每次在宮裡要收無形，我想神尊都在，應該不必如此麻煩，神力也不是這樣展現的，所以只能請他稍安，好好靜坐修行，把這種展現神力的習慣改掉，把自己修好，修得過來就是你的，還是靜不下來，幾次後就自動退駕了。不要讓人把宮裡的磁場搞亂掉才是重要。

另外還有一般宮廟修行，常有提到所謂的末期末劫，也常有提到天盤轉地盤，不知道什麼時候會轉到人盤，還有所謂的龍鳳盤，鳳凰盤，好像很緊張，要趕快做什麼做什麼，法會啦，超渡啦？不然會怎樣怎樣？之前曾經提過，不管天盤地盤怎麼轉，你能轉動的只有自己這一盤，你把自己這一盤轉好，天盤地盤都是你的盤，五濁惡世如何？三期末劫又如何？你有多少能力去改變，你能逃得過嗎？你能做的是什麼？什麼旗？什麼盤？什麼劫？你有多少能耐做什麼？你，只有一件事可以做？就是——把自己修好

把自己修好了，不管什麼時候你都是輕鬆自在的。

其實你能做的也只有這件事，做好自己，其他讓神尊去忙，因為你不是神。

5—7、要修行還是要問事

一般宮廟要興盛，大多是神尊顯現神蹟給人看，再不然就是問事神準，能幫信眾解決問題，再不然就是自我宣傳做的很足，甚至吹嘘拉捧都來。當然，神蹟的顯現足以服眾，也要能真實禁得起驗證，所以信眾會來膜拜，一個是讚嘆，一個是期待神尊眷顧，問事準則求助者多，信眾一樣會聚集，至於吹嘘拉捧的人，

一樣會吸引信眾，因為畢竟「人都希望有一個好的結果」，加上運用神尊的名號，談的又是天方夜譚，無從查證起，能不迷惑者恐怕少之又少。

為什麼產生這種現象，主要原因應該是對神尊的敬仰，再者就是有所求，再來就是依賴的心態，想要依賴神尊，所以到宮廟就是拜，就是求，然後將代言者視如神尊，而代言者也自視如神尊再臨，告誡信者不能質疑，否則就是不敬，在這種恩威並降的情形下，能有幾人可以倖免於宗教信仰的劫難，等到清醒時，已經傷痕累累。

為什麼會這樣？因為當初認識的是神蹟神威，信仰的是神，信賴的是神，結果進入宮廟後，因為忘了初心，忘了當初敬仰的是神，結果被主事的人或代言者誤導，轉而欽敬代言人，這種現象在佛道及其他宗教信仰裡都會發生，尤其宮廟及密藏的弘法師。

一般都會認為跟隨者眾的老師就是好老師，就是名師，很少人會去深究為何跟隨者眾？好的老師是教會你，讓你會處理事，教會你能夠獨立處理事，教的是智慧，是心法，讓你會思辨，所以一法通，萬法徹，你能依道而行，自然合道而後不用依賴老師，你會思考辨證後敢做決策，再請老師點撥調整，所以這種老師你見不到一群追隨者，但有事情的時候，一呼百諾，因為追隨的是心，是法，不是人身。

而現在一般宮廟的老師，則是老師很厲害，什麼事都要先請示老師，沒有老師允諾認可，什麼事都不敢做決定，而老師教的是方法，教你如何應付面對的事，但換了對象，又得再問一次，因為方法不一定管用，所以這種老師後面跟著一群弟子，聲勢浩浩蕩蕩，等著問事。那到底你是怎樣一個老師？你是怎樣的一個跟隨者？

其實宮廟經營很多就像是做傳直銷，大多是找信者，找徒弟做一些神蹟的分享，宣傳老師怎樣治好什麼病，處理怎樣的因果圓滿，收伏什麼妖魔鬼怪的，做一個造神運動，然後弟子就盲目的跟隨，那到底跟隨的目的是什麼？是拜是求還是修？那到底拜人還是拜神？

修行是要學會處理事，而不是要學會怎樣拜神。

通靈的代言者，是幫神尊解決人所遇到的疑難問題，是神尊在幫人，而不是人要幫人，神尊也會在解決問題的同時教人解決問題的智慧，包括教人怎樣避免卡陰卡觀念，怎樣增強自己能量及智慧，要會自己趨吉避凶，要修自己，「開」

解決問題的藥單給你，讓你自己去做到，從做中學，而不是直接幫你解決掉問題，而你依然故我。其他宮廟如何，我不得而知，但在玉玄宮只有修自己，學智慧，包括幫你退神安神教你如何對待神人，你要如何不重蹈覆轍，要學會修正然後維持本心，卡到無形眾生了，幫你協調然後教你如何強化自己，可以不再反覆。但是最重要的，執行者是你，你不去做，不去修，然後再三發生問題，神尊就會請你自我保重了，因為在玉玄宮不會有憨人，更沒有憨神。

所以來到玉玄宮，只有自助天助，只有打坐修行，緣來不拒，緣去不留，我常跟師兄姐講，玉玄宮是神尊的地方，不是宮主或莫林桑的地方，你願意跟神尊接觸，是你的緣法，你要離開了，也是你的緣法，神尊隨時都在，你在那裡修都一樣，重點是你要靜下來跟神尊接觸。

那來到玉玄宮就是你自己的地方，把自己當宮主來愛護這個地方就好，修行其實就是一個自律的機制，所以玉玄宮沒有規矩，只有一個自己願意接觸神尊，願意修行的心，當你真的要修持了，自然就會放下爭競的心，包容他人，即使只是在靜下來與神尊接觸的這一刻放下而已，也是好的，因為好的因子會慢慢擴散感染，然後蔓延至整個生活工作中。這是修行打坐的用意，就是在培養心中好的因子。

玉玄宮以修行打坐為主，不以拜求為主要目的，至於問事辦事，神尊會自己找代言者，不會外頭神尊派代言人來。無辦事就打坐清修，不要為了辦事而辦事，那會很容易偏頗掉，所以保持自然自在的心情就好，歡迎師兄姐利用自己空暇時間及平常日來與神尊互動，玉玄宮是神尊的地方，終日不鎖門，半夜來打坐也行，要跟莫林桑喝茶請先聯絡時間，因為工地會到處跑。

第六章

靈的昇華在心的無極

6—1、心靈成長：無極道的修行—在沒有立場的立場中看待事物

一般修行或宗教戒律，都是以良善或道德為準據，然後強調並發揚這個精神，這在人間太極上講，是極度強調太極白，是要求，希望人做到盡善盡美的地步，通常修行中的人，這距離算是遙遠的，但是因為宗教教化的力量，或是派門主事者的強調，使得這些標準成為修行者人生的圭臬，唯一的典範，所以言必稱孔孟，言必稱神佛，言必稱戒律經典，事實上這些主事者真能做到如此嗎？還是一個問號？

但修者即以此為標準，並用此標準去衡量整個世界，所以是非對錯善惡以此為標準，珍珠修行人有之，啄木鳥人有之，再加上社會學校教育缺乏啟發性，還是以單一答案為唯一標準答案，並以此標準建立個人價值觀，所以有人嫉惡如仇，有人固守自己看法想法，無法變通，有人據以指謫社會，形成對立，反而沒有加入所謂宗教修行團體的人更能輕鬆看待面對的事物，帶領自己開闊的往前行。

為什麼沒有修行的人反而更開闊，而修行的人卻被修行的大枷鎖壓制，因為戒律就是一個個觀念的枷鎖，從小受到的教育有些是正向成長的，有些則是所謂

的病毒細胞，在沒有驗證發作之前都被當成好的程式而不被查覺，一旦遇到考驗當機了，才知道是電腦病毒，這個病毒包括傳統的觀念與風俗習慣，這個病毒也包括傳承的經驗。

修行者被灌輸了這樣一個道德良善與傳承的方式及價值觀，卻沒有被教育這是自我要求的標準，而不是拿來要求別人去做的準則。也沒有去註記可以調整因應時局，所以一旦發作就需要更長時間的修改程式，移除病毒，有的甚至移除不了。

其實社會就是太極黑跟太極白平衡共處的狀態，黑白平衡運轉所以成其太極，任何一方想消滅對方的存在，都將影響自己存在的地位。說太極太沉重，其實就是相對兩方各自有各自的立場，而一般談判總是以消滅對方為前提，這在事業競爭上經常出現，就像電影「麻雀變鳳凰」企業併購遊戲中，女主角巧妙地讓男主角觀念微調成「共存共利」，形成一個雙方平衡各取所需而成為美談。

這才是我們生存的現實社會，它本來就有不同的立場角色，每個人為自己的立場奮鬥，不管黑白兩道都一樣，這個奮鬥的目的其實只是為了平衡，為了共存，就跟「神魔／佛魔共存」一樣，就像耶穌與撒旦一樣，就像醫生與病菌一樣，缺一都不可（同時存在又互不衝突），生態有它生態上的平衡，任何不平衡都會有物種滅絕，形成另一個更嚴重的不平衡，循環下去唯有更大的滅絕。

修行其實就只是要找到這個「平衡點」而已。這個平衡包括自己本身身心靈的平衡，與家庭社會的平衡，還有靈與靈，靈與大自然，靈與神明之間的平衡。

其實麻雀變鳳凰戲中的男主角並非沒有智慧，而是立場太鮮明陷在其中，而無法與併購的工廠做一個平衡，所以只有靠女主角點醒他的「良知良能」，因此它可以暫時放下自己的立場作思考，進而調整做法。放下原先的立場並非放棄，而是作一個「提升」，而女主角一開始其實並沒有明顯的立場，所以她的思維就可以海闊天空。

修行並不是武俠，要修到武功多強多強，然後可以去跟其他宗派比強弱高下，爭取武林盟主。相反的，修行是一個謙／讓的工夫，這個謙讓是個無底深坑，涵養越深越不見底。那這個謙讓哪裡來？當我們習慣以我們既有的觀點跟立場看事情而加以批判時，其實已經落入一個陷阱中，越堅持自己看法立場，越難從陷阱中走出來，那這個坑也會讓我們越看越侷限，越難看到全貌。

那放下立場是不是表示沒有立場，不是的，放下這個立場你才能利用這個立場來墊高自己，你才能看到更高的想法看法，所以放下立場看清全貌，你才會有一個更高「提升」的境界，你才能看到平衡共利的好處。

所以「謙讓」哪裡來？謙讓來自於放下立場，來自於包容審視對方的立場，因為只有一個完整的太極（相對雙方的立場都存在），才能產生一個完整的無極（在太極之上完整看清太極的思維立場）。而不是一個爭勝、固守，越修越狹隘的境界。

其實每一個層面的雙方相對立場之上，都還有一個涵蓋這兩個立場的立場，所以如果我們看待事物的方式，能跳脫並抽離當下的境界，以一個互相平衡共利的心態去思考，以一個更開闊的層面去思考，其實很多事情並沒有那麼不能接受。

我們之所以會生氣，會悲傷，會怨恨，會痛苦……其實只是因為我們一直在自己的觀點上思考事情，去要求對方放棄他的立場來配合自己，結果不如自己所願而已，如果我們沒有一定要如何或要對方配合什麼，其實並不會有愛憎怨結的問題，會有問題就是因為自己陷在自己的立場中而不能滿足。也就是陷在太極雙方的對待中無法平衡。

我們說太極是兩個立場之間的互相平衡，這就是人世間遊戲規則的真正內涵，但我們通常會強調其中一方的立場，把自己的立場定住，所以太極就會卡住沒辦法運轉，這是一般家庭學校教育的結果，只能在社會教育中學習放掉「卡榫」，才能再度順暢，人需要適度融入對方觀點。

有立場有觀點就是太極，那無極就是放下既有立場觀點而形成的一個新的立場，這個立場源自於對原有太極雙方立場的包容與理解後而衍生的一個新立場，是一個沒有立場的立場。當你沒有立場時，你是無所不包容的，你是自由自在沒有偏限的，你的自在來自於放下既有立場，來自於包容接納，來自於因謙退而更上一層的境界。沒有立場時才能無私無偏，才會樂意接受，心境自然會更寬廣，這就是成長，心跟靈的成長。因包容而不被外境所牽引，不是來自於戒，不是來自於忍，而是來自於因理解而接受而包容。

沒有立場就是一個無極的境界，就是一個神明的境界。

所有的事情都接受，靜靜看待，無喜無怒無哀無怨，看待它就是已經發生的事情，學會正向去面對它，去處理它而已。

6－2、無極道的認知—靈修如何調整自己的概念？

宗教其實擔負著很大的「教化」的功能，尤其是教育不普及的年代，就像是西方傳教士來到中國，來到台灣，表面上是宗教的傳遞，其實已經將思想文化灌注在裡面。之前也聽過「淨空法師」在傳播媒體的弘法，法師的理念也是將「教化」視為宗教的主要功能，而不只是一個宗教的拜拜信仰。

所以很恐怖的是，觀念思維想法就像是墨水，人原本是一張白紙，在還沒接觸宗教或是還沒受教育前，白紙是很單純的白，但一旦接受了某種概念的薰染，慢慢的就著色在上面，不管是家庭教育（所謂原生家庭的思維），學校教育，社會經驗，宗教教義的傳達接收，都是一樣，當你浸染上去了，要把它化掉是很困難的，尤其是宗教教義的力量，它是有系統，有條理的，恩威並用，有形的跟無形的並進的，以普世價值中你可認同的概念引進，然後慢慢改造你的思維觀念，同時也就限制（框框的概念，給你一個戒律就是一個框框）你的生活思維。

就像你原本覺得紙上只是淡淡的某種顏色，忽然有一天你發覺顏色變深了，但是你覺得這是正常的，其它顏色淡淡的進來，已經無法改變你的色調；就像政治上的深藍深綠，就像宗教上的深佛深道深基督，就像生活上的黑與白，因為是深層的薰染，所以與其它顏色是不相容，但是通常是不自覺的，因為已經習慣，已經融入，這已經是生活中的唯一，也就是很明顯的所謂的「立場」（價值觀）了。

這些立場就是生活的圭臬，也是評斷社會價值的基準，在這個準據上，符合這個標準的就是所謂的「正常」，超出這個標準的就是「不正常」，所以藍綠為什麼叫「惡鬥」而不是「善鬥」（良性競爭）；所以為什麼南懷瑾老師會提出所謂的「佛魔」，所以為什麼ISIS敢挑戰世界（一手拿刀，一手摸可蘭經的激進派）。就立場太明顯了。

所以我們要提一下什麼叫正常？什麼叫不正常？你可以接受你的是非善惡對錯觀念是有立場性，有時空性的嗎？

那什麼叫正常？北捷殺人事件正不正常？以普世價值看當然是不正常，但是以鄭捷接觸的環境（法律及廢死觀念）跟網站吸收的思維，它不去殺人才叫不正常；它殺人被判死刑正不正常，當然正常（此時廢死就顯得很不正常，但當有法律誤判時，廢死又好像可以理所當然的提出來），接受制裁是必然的。

又像人本教育，十幾二十年前很受關注提倡，現在呢？是人本觀念的問題，還是教育單位執行的問題？就像雙親都是教育家，書香世家的生活環境下成長的子弟，對人溫文有禮是正常，會罵三字經或作奸犯科就非常不正常了，但是大尾鱸鰻／賭博世家的子弟，喝酒罵三字經應該是很正常，但如果是對人溫文儒雅，那到底正不正常？那這些社會問題社會事件到底要教我們什麼？正常不正常怎麼界定？

所以什麼叫正常？為什麼各種殺人放火事件，各種光怪陸離的事情會發生？為什麼各個宗派會存在我們生活的四周？這個存在到底正不正常？為什麼造物者要創造這樣一個「人」生存生活的世界？為什麼遊戲創造者要創造惡魔怪獸，為什麼要設計種種陷阱關卡？為什麼要設計殺死怪獸及敵人？

因為白天跟黑夜是一體的，白天黑夜合為一天，因為破壞跟建設是一體的，因為犯罪跟制裁是一體的，因為功德與業力，行善與造惡是一體的，都是共同存在的，造物者創造了善惡各種事件，也創造了賞善罰惡概念，你能夠推翻造物者嗎？那造物者的這些創造的意義在哪裡？

如果你能夠以造物者的角度來看，其實所有的事件都會有它各自的脈絡，人的修行是要去找出事件的脈絡，找出事件的原因，然後做為世間教化的教材，是要去幫助看不見這個脈絡的人去理解原因，然後能看見人世間各種事件存在的意義，終至看透各種事件給我們的教育意義，就像佛陀要解開生老病死之苦而去說法，而不是停留在事件表面，然後選邊站，去批評去指謫，然後自認為我就是正義的一方，善良的代表，這是沒有意義的。

而這也是目前很多修行團體的共同現像，立場唯一，非我立場就是外道邪魔，就是要去詆毀消滅。造物者都容許它們存在了，為什麼你會有「除惡務盡」的概念。

而所謂的「惡」你又是站在什麼立場來認定它是惡，而所謂的善呢？如果以藍綠各自的立場來看，很多事情是很矛盾的捏，藍色執政時錯的政策，來到綠色執政又變成是對的捏，對錯只是時空立場轉換而已；殺人是錯，關公就對不了，救人是對，那白蛇就錯不了，為什麼關公成神？為什麼法海非要收白蛇？那戰爭又是為何？為什麼黃巢要說「天生萬物以養人，人無一物以報天，殺……」，所以時空立場有異，標準會不同，你如何判定這個善惡是非對錯？

所以要怎樣調整自己修行的概念？主要要認定追隨造物者的概念，理解接受並去懂各種事件它的「必須與必然」發生的原因跟脈絡，然後去修正這個原因脈絡，它會必然發生就是正常，各種事件都正常，要去懂這些事件到底要教我們什麼？然後去學會應對處理，去開發可以導正這種現象的能力與智慧，這樣才有辦法教化自己，教化世人。

佛陀說法也不會是拿前佛的法來說，一定有自己獨到的見解理論，而不是去學會鑽研既有的學問，然後自居一方以此為尊。沒有錯，每個法門，每個科系都會有自己科別的碩士博士，但是越站在尖端就越侷限，立場也越分明，也與其他科別距離就越遠。

所以當紙上的顏色越多時，可了解運用的顏色越多，也就越能做畫，單一顏色就只能在這個顏色上發揮，創造不出特色來，要如何突破前人呢？把自己既有的概念放下，才能站在這個概念基礎上，往上再發展，才能有所超越。

所以靈修為什麼好像天馬行空不受侷限，好像有佛有道又有基督，因為靈修以天道／以自然之理為依歸，不是只有儒，不是只有釋，更非只有道或阿拉基督，祂是兼容廣蓄的，祂不是儀軌科儀經懺下的東西，因為祂是「無極之道」，祂的概念是沒有極盡的，祂不會只停在一個立場，祂也不會只停在一樓，祂是越修越高越廣越開闊，越修越包容的，因為祂的概念是要「站在迷宮之上看迷宮」，如此才能救迷，而不是要在迷宮裡教人出迷宮。

祂要學習以遊戲創造者的角色來指導人玩遊戲，要學習以造物者的識見心態跟高度看清人世間的遊戲規則。

當你能夠接納、包容、理解脈絡後，你會發現所有發生的事件都是必然也自然，當原本你並不認為必然也自然的狀況下，能夠轉理解為自然與必然的心態時，就是你擷取智慧的時候，這時你就可以清楚的教人如何面對，如何突破，如何放下，是用理解的方式而不是教人忍耐了。

當你不是把自己立場鮮明化，而是包容提升時，看待事物的高度自然會提升，當你不以自己以前所得的經驗智慧為滿足時，自然產生謙卑再學習的心態，也是提升的開始，當你對待任何事件都正常看待時，少了批判，抱怨，少了不滿的情緒，你自然就柔和了，也會願意去理解並從中學習。

所以接受事件的發生，接受相對方的立場而融合成進自己的立場，其實就比原先的立場內容更開闊更提升了。

靈修是以自然為宗，以無極為依歸，做法卻是簡單自在就好，只有去包容接受而已，心量越大識見越高就越自在，提醒並留意自己的高度，當你容下相對方時你就增廣一倍，升高一層了。這才是靈修的目的，包容直到無盡無極。

6－3、太極與無極的概念在修行上的運用

太極與無極的概念，在一般傳統的認知上，總在八卦上打轉，總認為是非常玄祕的學問，不是一般人可以理解的，這是傳統總把太極跟無極放在玄學跟極高的神佛世界結合來看的關係，其實太極八卦不過是大自然的道理及事物原理的萃取，都是要在生活中運用的智慧。

所以要把修行拉回到日常生活中去體會，不用一味的往遙不可及的神秘境界去追求，所以把太極落實在人間修行上，成為一種生活思考的概念，作為修行思考的引導是最洽當的。

因之前某網路社團無法理解我的太極／無極的概念，一樣把太極、無極視為神聖之境，不是一般人可以談說的，因而產生了一些誤會，導致也有其他師姐也產生懷疑，因此說明一下。

在此把太極、無極看作是一種處世的概念，這個概念來自於對人事物看待與對待的概念，太極不是對立狀態，而是兩種力量的競爭合作的平衡的狀態，也就是有各自立場的狀態下產生的平衡現象，是相對力量的平衡，而無極的狀態則是「跳脫原有立場」的狀態，在原有立場之上一個更客觀中立的立場，這個立場比

原有立場更寬更廣更深入，就好像在三樓看一、二樓一樣，是一個更清楚、更開闊的觀點；當然，心胸越寬大越包容，則會越無事，修行只是把自己層次更提升而已，提升到能以神佛觀點看人事物時，自然你就消遙了。

甘師姐：

真的有無極和太極嗎？沒有修到那境界真真假假誰知，更有分中天，靈乩，乩童不管修什麼，「正」最重要，常聽人家說靈修會靈不好，個人的修法吧，不予置評！

莫林桑：

所以師姐妳還是執著在字義跟它是一個區域境界的傳統概念，太極是什麼？

甘師姐：

因為身邊人一直強調這個，我認為是「修自己」。

莫林桑：

我們所有做的事情都是中性的，好壞是因為做的人的關係，所以靈修好不好？會靈好不好？是做的人的因素，做的人往正向走就是好，做的人偏差了，什麼事都不好。那有沒有太極跟無極？看你要怎麼看待，人事物為什麼有程度的差別，太極跟無極也只是看待跟對待程度的差別而已。太極是一個相對運作的兩個力量，是兩個力量的平衡狀態，無極是脫離太極的一種思考模式，不在對立裡面。

甘師姐：

有人自認為修到無極，哪又如何？為什麼總是有人要把自己提高，老說我修到無極。要把基層做好才能提升吧。

莫林桑：

靈修是修自己，應該不會有人說自己修到無極，只會說往無極的方向努力修自己，因為越往「無極」越沒有分別心，更不會有太極無極都分別的狀態，它只是一個包含，是一個大集合把小集合包含在裡面的概念。所以修是要修自己要怎樣達到太極的平衡，如何衡量這個平衡的運作方式，把所有的狀態如何運作達到平衡，這個就是處事要修的地方。會說有人修到無極，應該是看的人對太極無極說法的誤解。

基本上妳還是把無極視為一個地方區域，一個境界，如果沒辦法跳脫實體的概念，妳怎樣把自己修出無極的概念，太極跟無極只是引導修行方向跟做法的概念，為什麼要有太極？太極就是一個運作的基礎，就是人的世界運作的智慧。

也應該不會有人告訴妳不用修基礎的，為什麼我要把滿天神佛的修行拉回到人間修行？所以我不說什麼靈母如何？神尊多大能耐？只是說人該怎樣，要從人修起，要有目標。

甘師姐：

感恩師兄。

朱師姐：

甘師姐您好，修行當然是要「修自己」啊，不然是「修（理）別人」嗎？但是「修自己」要怎麼修呢？先別管什麼太極、無極。如果說，修行就是要在生活（工作／家庭／子女／身體健康……）中維持一個平衡，這樣您認同嗎？而「太極」「兩儀」的圖騰，就是黑白各一半，黑中有白、白中有黑。是不是也是一個黑白平衡的概念？

所以，其實「修自己」，就是一個「太極」的概念，一個「取得平衡」的概念。如果你加班加得半死，顧不了家庭、顧不了小孩、或是把身體都搞壞了，那生活是不是就「失衡」了？所以是不是要修正，調整一下工作和家庭／健康的比例，挪一點時間去運動或陪伴家人，以達到一個平衡？不是在說什麼太極天，還是無極天的，很多人都曲解了字面的意義。

而「無極」和「太極」的關係，就好比您站在二樓只能看一樓、站在五樓就可以看四樓、站在101的景觀台，那簡直就像站在雲端一樣了。愈往上面的風景當然是愈好，我們不是應該要盡量提升自己嗎？還是您覺得待在二樓就好了？而你在上面看的風景也比樓下漂亮，你就不會一直在意一、二樓的風景如何了。

當然您要待在二樓也可以，這沒有對錯，只是有些人想去上面，看到的視野會更廣，風景也更美麗。「無極」是這樣的概念。

「太極」只是基本功，能達到生活上的平衡，應該是最基本的需求吧！但人要不斷的超越自己，才能提升（爬上樓）。

大家一起爬樓梯吧，共勉之！

莫林桑：

是不是請甘師姐看一看我所說的太極跟無極到底在說什麼？這樣你可能就不會在名詞上打轉，而可以理解從最基本的陰陽、善惡、夫妻、家庭、鄰里、社會、一直到國家、國跟國之間的合作競爭關係，如何去取得平衡，讓他得以生存下去，這才是人世間的太極跟無極關係，人不做好，一直想去做神明虛空的事，這是不合道理的。神佛的無極、太極，那不是人力的範圍，不要想當神佛想得沒生活智慧了。

朱師姐，爬樓梯我怕又有人有文字障，直接說人要提升，一層一層提升，不要把自己封閉了。

朱師姐：

呵呵，爬樓梯健身也不錯啦，但是年紀大了傷膝蓋。

最早的靈乩前輩黃阿寬的確有將靈乩分為太極天靈和無極天靈，不過那是指「靈」的層次。我不知道「人」是要怎麼去驗證「靈」的層次（還是位階？）可能等我掛了，回去報到時才知道吧。

甘師姐：

莫師兄，修行人常說不要追求神通，真正做到有幾個？沒神通如何辦事，至少說順其自然就好，不是嗎？爬的高自然是很好，只是不要摔的慘就好，人都想要不斷提昇自己，遇到了瓶頸如何去突破才是重點。

莫林桑：

真的有人就是這樣分無極天靈和太極天靈，自己又如何知道，很納悶？

甘師姐，沒有錯，這就是為什麼我要說拉回人間修行，要從人做起，不要一昧追求神通，神通是因為人做得好了，所以神尊賦予神通為神辦事，自己人都做不好，怎麼幫人，要神通做什麼？但是，人做的好當然要提升，不能停滯不前，提升是逐步，踏實修踏實進步，臘等跳越的才會摔啦。

所以有人修要到天堂，要到佛國極樂世界，這個都是修的目標，都沒目標，怎麼知道路走的對不對，太極與無極只是一個處理事情的態度跟心量問題。沒有那麼神奇啦，一般人都把他視為很高境界，其實只是一個處理事情的立場態度的調整跟平衡，別人用他的既有觀念來看，當然無法跳脫窠臼，要理解新的思維。

所以會有什麼已經修到無極或不用修人的說法，應該只是不理解又沒弄懂而已，你從以前看我的文，應該知道我強調的是人的修行，靈修也是以人為基礎，不然靈就不用來借人的身心了。

甘師姐：

修自己啦，修這條路很辛苦，感恩師兄，學不少東西喔！

莫林桑：

甘師姐，所以不必執著什麼太極天靈跟無極天靈，就像有人到極樂世界到佛國或天堂地獄一樣，去的人都沒有回來過，所以也有沒有人有辦法證實。

甘師姐：
了解，師兄謝謝你喔！

莫林桑：
看一看我寫的人間太極跟無極道就會比較清楚，不是緲不可及的神明居住的世界啦，而是修行的方式跟態度。

朱師姐：
我是覺得不用管別人說什麼吔，就算本靈來自很高的什麼「天」，但那又如何？知道又如何？就算是真的又如何？這世還不是重新來、打掉重練？「人」不努力學習的話，也沒辦法幫「本靈」回到祂原本的果位。（那只能一世又一世的被降級了）

莫林桑：
朱師姐，來到世間不修行，再高的靈也會消耗，就像祖先遺產傳下來，不肖子孫也會敗掉一樣。

朱師姐：

就是啊。所以，認真學就對了。

——

一般會有爭議，都是侷限在「太極天」和「無極天」的解釋上了。以什麼什麼「天」來分，就有「層次」的味道、就有「比高下」的味道。但是「人」要如何去驗證「靈」的靈格層次呢？

如果有人跟你說他是無極天靈的，那你就請他驗證給你看啊，如果你相信他的「驗證」，就是來自無極天，那是你的事。（你要相信就相信了咩），如果他無法驗證，那你幹嘛聽他在講什麼？

但其實別人說什麼都不重要，自己「是什麼」比較重要。聽別人說得再多再厲害，那都不是你。蓋房子要先打地基、先搬磚，還是要一步一腳印，沒有那個「聽別人講一講，自己的樓就會蓋好」的事。

6-4、謙卑向天地，不欺人神

「謙卑向天地，不欺人神」一直是警醒我自己去做到的一句話，從高中讀

「論語孟子」開始，老師就一直強調，「論孟」不是拿來背的，不是拿來考試的，而是用來勉勵自己去做到，「去做到」一直是自己努力的目標，身體力行才是根本。

就像修行修行，重點還是一個「行」字，不去做，一切都是「假的」，而教育的根本，也是在「上行下效」「以身作則」，所以不管任何形式的教育單位，尤其是宗教團體，更強調高標準的社會道德要求，因此在上位者的言行是動見觀瞻，言行是否合一？是否說到做到？其實這也是任何宗教團體唯一可以檢測這個團體恆久與否的一個指標。其實每個人對自我要求的標準不盡相同，所以能否言行合一才是檢測的指標，而不是標準的高低。

言行合一就是不欺，而不是達到某個標準才是不欺，說到什麼做什麼，做到什麼才說什麼，有做了再說是我根深蒂固的觀念，其實以前不太多話，因為我的概念就是「說話是要負責任的」，這是給自己的要求，即使是在事業上，我仍舊如此要求自己。

「不欺」是一個很重要概念，就是「不欺自己」，每個人要做什麼事情，其實在自己內心都已經盤算過，所以有沒有違背自己的良心，自己都很清楚，這也是「靈」的責任，「靈」記錄著你的起心動念跟一言一行，這就是為什麼電影「全民公敵」的監視器有死角，而神佛的監視系統不會有死角的原因，因為「靈」就是神佛的監視器，隨時跟著你，你無所遁形，這就是「通靈老師」為什麼可以得知你所有狀況的原因所在，因為「通」的可以是你的「靈」，甚至透過神尊系統調閱你的各種紀錄，包括過去、現在、未來。

那是不是你的人生劇本都已經安排好，沒有錯的，但是劇本是可以改寫的，你的決定你的選擇就會讓你未來改觀，人生劇本是隨著劇情在調整，天註定其實就是人決定，你決定了，天會照你決定的意思走，但是這個意思其實就是老天的意思，這就好像是一個曲線抽號碼遊戲，給了你五條路，你選了不同的號碼就會有不同的路不同的結果，你可能選到爛蘋果，也可能選到汽車或房子，不過你開始做了選擇，中間岔路你還是可以再做選擇，可以改變人生的，只是看你要如何決定而已。而這些路線其實都是已經設定好的，只是等你來選擇而已。

人只有努力去做，你的決定是由你的習性所牽引而成，所以如何修正自己的習性，就會決定自己的命運。其實每個人一生的道路模式是相同的，那有修行跟沒有修行的人道路會有不同，是因為修行人努力為自己闖出一條道路，隨時修正，而沒有修行的人則依現狀走，走差了也不知修正。

很多人都把修行跟宗教連結，畫上等號，其實不然，修行是個人對自己負責任程度的表現，不必然是跟宗教結合在一起，日常生活隨時在修在行。宗教法門只是幫助修行的一個助力而已，作用在於滿足歸屬感，在於一個團體的協助，約束跟同修的鼓勵，當然也有人只是在團體取暖，並沒有真正進入修行的領域，所以即使在團體多年卻沒有任何改變跟進步，而其實最擔心是把修行窄化，讓修行法門變成武器，互相攻訐，這應該是修行中最不樂見的。

修行，其實主要是在於自己對人世間人事物接觸後的覺醒，能看清人世間現象的意義，然後讓自己修正，以達到生活上之無牽無慮無罣礙，無受想行識等等苦，各種法門只是幫助你覺醒而已，重點是你能否達到無苦無憂的境界，而不是法門研讀認識有多深，功力有多深，經綸滿腹卻做不出文章，這是真的滿腹經綸嗎？

修行功力很深卻處處掛礙，看不開名聞利養，七情六慾執著，那修行修在何處？

所以唯有真實的面對自己，認清自己，才能讓自己覺醒，覺醒了才會真正進入修正執行的範疇。

不欺人真正的意涵在於不欺己，敢真實面對自己了，坦白自己了，還用隱瞞欺騙他人嗎？這就是「德」，真正相對待的雙方是「直心無欺」的，不欺己了何用欺人。從進入靈修與神尊接觸以來，感受到神尊的寬廣開闊的接受度，也因為一直跟「通靈」人接觸，知道神尊的能耐，神不是不可欺的，而是無法欺的，人沒有什麼能耐可以欺神，所以一直以來，養成無所隱瞞，很直率的生活心態，因為沒有事可以脫離神明掌握，逃不出如來的手掌心的，不用跟神尊印證，也不用欺瞞，通靈人就可以告訴你了。

因為沒有隱瞞，所以自在，因為理解所以接受，因為接受，所以無怨無苦，這是跟神尊，心裡有神的修行，跟著神尊看世界，你會無言，你會接受世人各種紛紛擾擾，你會看著事情發生跟結束，也會接受各種結果產生或再延續，你會覺得就是這樣，這樣就是正常，因為正常，你的心就會無嗔無怨無有煩惱罣礙，這是跟神尊的修行。你的心跟靈會跟著神尊一起開闊成長。

「謙卑向天地，不欺人神」是我進入靈修後，在「莫林桑的三欉香部落格」的時代陪我一起成長的警語，時時審視自己，這是把自己當學生向神學習要保持的心態，後來更深一層體悟，就進入「至道無極法自然，淨我還真自在修」的玉玄宮世代，鞭策自己不要好為人師，鞭策自己時刻保持學生的心態，自然之道無盡無極，淨我不染，回到真誠，唯有無欺無隱才能自在修行。

6—5、修行的檢測—有事件來了，才是檢測學習跟進步的契機

向給我指教的人道歉及感謝。

常聽人說：不遭人妒是庸才，其實這是自我解嘲的話，實際狀況是：會遭人妒是蠢才，無緣無故把自己曝露在遭人妒的危險狀態下，才是真正的愚蠢。

這陣子做了件很愚蠢的事，很多師兄姐都把另一個會館「討論」我的事截圖過來給我看，剛開始會有「不遭人妒是庸才」的想法，我都回說讓他們自己去演，自說自話，演完就好了，請他們觀看就好，也一直讓我想起蘇東坡跟佛印論佛提到如何看待對方的論點（佛印說蘇東坡是佛，蘇東坡說佛印是一坨屎耶），蘇東坡沾沾自喜，卻被蘇小妹打醒，原來如何看待對方是自己內心的投射，這樣想或許可以安慰一下自己。其實也是，當你清清楚楚知道自己在做什麼的時候，何必在意別人的汙衊和毀謗。

當然這事件延續了幾天，也有師兄打電話來希望事情能平靜下來，其實以我是不太在意別人如何講，所以隨他們去說，重點只是堅持自己該做的事做到好為止。當然在哪個節骨眼上去做什麼動作都是多餘，我跟師兄講，要對方能平靜下來才有用，其實除了該會館成員之外，也有很多其他非成員加進來發洩他們的情

緒，我才知道原來還是那麼多人對我有意見或是對開宮或靈修有意見，當然有些師兄姐沒有跟我碰過面的，難免會受這些言語影響，那是個人智慧的判斷問題。

我也告訴師兄，他們有些是專門「唯恐天下不亂」的，會館也讓他們來一起「挖糞塗牆」，挖得高興也塗得高興，但是真正平息下來以後，她會發覺，原來臭的是自己會館，要清理的也是自己會館的人來清理。

這是修行團體主事者的智慧，也是「淨我還真」道場向來留意的事情，一來為了讓神尊所交代的理念能夠很清楚容易讓師兄姐找到，二來讓道場的理念是一貫的，不會因其他似是而非的說法來造成師兄姐思維的混亂，三來是保持道場的清靜，我一直強調「淨我還真」是修的道場，要實修實證。

當然還是有很多人或團體對靈修是持質疑跟否定的態度，當然一個是自己修行的法門的排擠問題，但最重要的是不懂或不了解，就像遙控器的發明，你很清楚遙控器的作用，你會說遙控器不好用，然後堅持自己去切電視前面的控制面板嗎？那當然還有一個因素，那就是不見得人人都能夠進入靈修，這是外界誤解最大的原因，因為無從了解，所以也難怪諸多指謫跟質疑了。

其實除了傳統道教有留下法會科儀教本及經典之外，一般宮廟很少能跟信眾解釋所從事修行的目的或意義，或清楚解說這個修行的過程而可以做為引導信眾清楚明白的教本；所以會想整理（也有師兄姐建議出書）以前文章，主要是希望讓修行人不要再盲目摸索，能明確自己要修行的目的，不要迂迴繞路或被傷害，這其實是一直以來寫文章的初心，所以能幫助師兄姐的文章我就不會侷限，一本書將近百篇文，有其他好文章值得推薦也希望能該推薦，也都隨緣，用開闊的心看待。

那書為什麼要賣？不拿去做善書結緣，就一個概念，思考一下為什麼我們會一直希望可以獲得免費的東西？現實問題還是心態問題？是否可以問自己：你有多少福報讓你去消耗，神尊也要替你服務，辦事的師兄姐也要替你服務，這是怎樣的福報，是在害你還是在幫你？你想過欠了人家多少？欠了神尊多少？你怎樣積自己的福德？

使用者付費這是天經地義的事，主事者沒有要收費的意思是主事者在累積自己的功德業績，你不想付費是在消耗你自己的福報！世界是一個平衡的運作，「得與失」、「施與受」都是一個平衡，誰有福？那「淨我還真」道場沒有收不收費的問題，只有使用者隨喜樂意的神尊供養，我隨緣也隨使用者的緣，兩相自在就好。

那另一個不做結緣善書的作用是不想浪費社會資源，需要的人付費去買，有需要再印，透過出版社公開發行，有良心的出版社會做評估，會肯定你的書的價值跟對讀者負責任，君不見到處宮廟一堆結緣善書，胡亂置放，浪費多少社會資源，一些個人出版品真的對社會大眾有益嗎？另外，孔子說過：「只聞來學，不聞往教」。又說：「自行束脩以上，吾未嘗不誨焉」，這是教育的基本精神，自己想要學才是學習的動力根本，孔子是有條件（要有束脩，也就是學費）收學生的，書要自己有想要看想要學才去買，才會用心去體會。不是拿回家擺著。

其實會去做一件事一定有自己的目標和理想，要自己很堅持才能完成，用一生去堅持就是志業，既然走著走著就走上開宮的路，走著走著就走上傳道宣化的路，就隨順因緣，毀譽由他，用初始的道心繼續走下去，弘一大師雖然交代：何以息謗，無辯即可。但畢竟自己還是人，不是大師，所以有些理念還是要跟大家做溝通。

其實這幾天打坐下來，才真的體悟發覺「會遭人謗是蠢才」，雖然本意是想要避免師兄姐的靈修受到干擾，但處理不好反而造成更大的困擾，雖然我不想去影響別人修行，但別人的修行已經被我影響，所謂我不殺伯仁，伯仁因我而死。雖然感覺上好像是別人在造口業，但是引起別人造口業的確是我們自己，所以真正的罪魁禍首是我們自己。能沾沾自喜嗎？能不更為謹慎嗎？

開宮廟傳道業，是一種責任也是一種承擔，是神尊的交付也是自己的願力，當然要建立不計毀謗的信心，但是卻讓他人折損福德造口業，也是我們要「概括承受」的責任，所以誠摯的向這些人道歉，個人自己則要懺悔改過，也要感謝神尊在適當的時候做適當的教導，弘一大師一直是我景仰的對象，這是：「長亭外，古道邊，荒草碧連天。」的作者，少有的「文人和尚」，所以我在奇摩註冊的兩個帳號一個是「莫林桑」，另一個用的名字是「寺木弘一」，（寺木參天，有高聳堅挺的含意），也感謝神尊適時給我弘一大師改過十戒的文，讓我更近一步警醒。

還是對靈通會館的師兄姐表示歉意，還有靈光病社團的幾位師兄姐也是讓你們心亂損德了，真的對不起了。

神尊交代「低調／閉口／修自己」，還要再努力。

後記　如何看待自己的靈修

師姐在十一月中來訪，談到在以前宮廟修行的種種，也提到一般人對道教的不良印象，其實並不是大家排斥「道教」或是認為道教不好，而是對於少數宮廟利用神尊之名遂行己意的負面影響，其實大部分宮廟還是依神意在修在行善助人的，俗話常說：好事不出門，壞事傳千里。

一般媒體對於宗教斂財，騙色，害人致死的報導，當然有它的教育意義，提醒大家對於不良宮廟主持人的警覺性，避免受害，雖然這些無良宮廟主持是少數人而已，但一般人就將此印象植入腦程式中，當然會對道教或宮廟持比較反對或排斥的立場。

對於以前靈修的修行，師姐也是頗有感慨，它也經歷被帶著到處跑廟會靈，有問題就是卡陰卡靈的過程，祭改渡化無數次，搞得自己身心疲勞，家庭關係也比較冷落，但到頭來還是茫茫然，到底靈修修行是要修什麼？跑靈山、渡靈、學祭改？還是學法術，符籙？還有的師姐一直覺得自己靈被關了，被控制了，雖然離開了原來所待宮廟，卻一直覺得被干擾。這些都是經歷。

其實以前的經驗，經歷過就好，它都是一種學習，自己心要放下，不要意念一直被它所牽引就好，這些修行過程只是讓你更清楚如何走進真正清淨的靈修。修行的地方都是在教我們智慧，對於讓我們覺得受騙的地方或覺得不好的修行經驗，正是讓我們覺察我們要走的正確路徑的所在，要提醒自己的是，要小心不要讓自己變成我們自己所不樂意看到的樣子或引導人，如果我們都覺得不舒服了，卻又讓自己也變成我們最不願意看到的宮廟修行方式或引導人的樣子，那真的就枉費自己走一遭了。

不管以前的經歷如何，都要從裡面學到東西，那才是真的智慧，從書本裡面學到的叫做「知識」，從經驗中學到並且內化到自己可以去運用的道理，那才是「智慧」，所以要開闊面對以前的經歷過程，要感謝過往的種種歷練的人事物。

靈修是很生活化的修行，很注重自然自在，要從日常生活中去修正自己，靈修就是靈要來歷練修持的，祂並沒有「原罪」的概念，祂只是來把人生所遇到的事情，做一個最後能讓自己愉快的處理過程，祂不像基督教的「我是罪人」，也不是佛道到處無形冤親債主的累世果報要處理，「因果因果」就是有因才有果，冤有頭債有主，因果討報是有針對性的，所以靈修不會到處做法會去渡冤親債主，因果是明確的，不會是鋪天蓋地的要你去承擔，靈修的冤親債主都化為有形的人事物，不時來碰撞你，來警醒你，讓你學會「惡緣善解」，在生活中化解累世的冤結，這才是修行。

靈修的靈是非常「獨立自主」的個體，所以靈修只有「修自己」，祂並不是一生下來就是神，就要渡人，即使你是神仙降世，降生凡塵即為人，所以要修自己，把靈開啟，先修自己成為有智慧的人，方能自渡方能渡人，所以天助自助者，能自助才能培養助人的能力與識見。

再者靈是很獨立的，與祖先親人朋友也只是緣牽，能建立互助互利互惠的關係，也可能是互為障礙的關係，所以靈修的靈與祖先靈也只是靈與靈的關係而已，跟冤親債主的靈與靈的關係是一樣的，靈一樣都會轉世，也都會連結，只是助修，尤其是祖先靈更是助緣，你得道對他們是百利無害的，一人得道，雞犬昇天，所以祖先靈不會是來阻礙你修行的靈，祂們只是來求助求渡，至於其他無形的靈更不會無緣無故來擾亂你，平常心看待就好。

那對於很多未進入靈修或傳統修行人對靈修的看法，要如何面對？既然必須走靈修這條路了，就要有哪心量去包容別人的誤解，不管是因為對傳統宮廟的不良印象或是對靈修的質疑，都要有心量去接受，要承擔，要「概括承受」所有的負面批評跟指謫。

通常在靈修的人，對自己靈修的現象都不太敢說，一個是難以置信，一個是怪力亂神，以前我也是如此，但現在靈修現象已經普為人知，所以正是好好傳達靈修理念的時候。

我也只是把這個「簡單自在」的理念告訴大家，這個理念排除了「原罪」的思維，排除了「人為展現」的思維，讓修行回到自然，回到原始的靈源去接收學習，回到「人間」的修行，人間可以是天堂也可以是地獄，看你如何看待如何修？能時時轉念，那當下就是快樂的天堂，靈修只是去學會這個轉念的智慧。

那如何讓人家接納，最好的做法，就是自己示現，示現一個簡單自在，一個自然法的輕鬆愉悅。所以靈修只有修自己，也只能修自己，不是要去影響別人改變別人，而是把自己變得快樂自在了，別人自然會願意跟著我們這樣做，這是修行「教化」的意義所在，而不是要人來學。

至於傳統宮廟也常與靈結合，當然有的是在傳統修行的理論上加以衍伸，有的也只是換湯不換藥，也有的是排斥的，當然會有一些問題產生，這是修行人個人的緣法，也是如上所說的一個智慧起源的經歷，沒有經過就沒有能力判別，雖然心苦，正向看待就好，經歷過了自然就學會，就像說靈修要修靈，卻有團體主張不能說靈語或不可以靈動一樣，那到底是靈在修或人在修？

靈修是很自然感應的，感應到就做，其實靈壓抑久了，會有障礙產生，靈也會自己找尋適合靈修的地方，只要隨順自己的感覺就好。在尋找經歷之後要能讓自己定下來就好。

所以要如何看待自己的靈修？當你清楚自己的體質是屬於必須靈修的體質時，要清楚自己的靈會尋找適合修行的地方，所以不用拘執一定要在哪裡修，隨著自己的靈輕鬆自在的感覺走，知道必須靈修時，那就多接觸神尊，尊重靈所帶給你的愉悅的感受，先清修處理自己的心，讓心安定自在，再透過靈與神尊的接觸，解析自己的經歷取得智慧，靈動、靈語、嘔吐、哈欠、打嗝、流眼油等等，都是清理身心的各種積累的反應，順其自然，不要排斥。

靈修是修自己，成長是自己的，與自己的靈愉快相處，清楚知道自己在修什麼做什麼，然後放下別人對於靈修的不了解所投射的異樣眼光，修自己做自己，自在修修自在。

後記　如何看待自己的靈修

國家圖書館出版品預行編目資料

人間修行（四）：靈的提升一接自己的因緣神尊／莫林桑著--初版--臺北市：博客思,
2020.09
ISBN：978-957-9267-67-0（平裝）

1.靈修
192.1　　　　109008230

心靈勵志系列53

人間修行（四）：靈的提升一接自己的因緣神尊

作　　者：莫林桑
編　　輯：陳嫵竹、凌玉琳
美　　編：陳嫵竹
封面設計：陳勁宏
出 版 者：博客思出版事業網
發　　行：博客思出版事業網
地　　址：台北市中正區重慶南路1段121號8樓之14
電　　話：(02)2331-1675或(02)2331-1691
傳　　真：(02)2382-6225
E—MAIL：books5w@gmail.com或books5w@yahoo.com.tw
網路書店：http://bookstv.com.tw/
https://www.pcstore.com.tw/yesbooks/
https://shopee.tw/books5w
博客來網路書店、博客思網路書店
三民書局、金石堂書店
總 經 銷：聯合發行股份有限公司
電　　話：(02) 2917-8022　　傳 真：(02) 2915-7212
劃撥戶名：蘭臺出版社　　帳號：18995335
香港代理：香港聯合零售有限公司
電　　話：(852) 2150-2100　　傳真：(852) 2356-0735
出版日期：2020年 9 月初版
定　　價：新臺幣280元整（平裝）
ISBN：978-957-9267-67-0